致安琪

畫名 Emilie Menzel am Klavier stehend，由德國
畫家 Adolph Menzel（1815～1905 年）繪製
於 1866 年，目前收藏於 Museum Georg Schäfer,
Schweinfurt, Bayern, Deutschland.

# 髮辮走天涯

## Hairnets Travel Worldwide

李今芸 著

時報出版

髮辮走天涯（*Hairnets Travel Worldwide*） by Professor, Dr. Lee Chinyun, National Chi Nan University of Taiwan, Dept. of History, is an amazing piece of history writing. Its subject is a tiny little thing – women's hairnets – a commodity that has existed for a long time in history. At times it has been a common part of women's dress, both in the West and the East. At other times it has had a more sporadic usage. In our present time, hairnets seem to belong mainly to the accessories of ballet dancers' and horsewomen's equipment. Hairnets seem to have been made of a variety of materials through history: any kind of thread (wool, silk, cotton, silver, gold etc), meant to be decorative and visible. However, they were also at periods meant to be almost invisible or at least elegantly inconspicuous. Such hairnets were at first made from human hair. The late 19th and early 20th centuries had a boom for this commodity. Since the latter half of the 20th century they are made from nylon or polyester.

This book is about hairnets made from human hair. It represents highly interesting research into early globalized economy, where Asia,

Europe and America are mutually involved in various parts of the production and marketing. One is plunged into the lives of individual businessmen, merchants and industrial chemists who invented and implemented the methods of production. The main actors during the period 1890-1939 came from Central Europe and China. The *gründers* of this business came from a few specific areas, namely Bohemia (in the Austro-Hungarian Empire) and Shandong in China. Among them a family of Czech Jews had an eminent position. Just as indispensable as the *gründers* were the *ordinary people* from Bohemia and Shandong who during long workdays with busy fingers were plaiting and braiding the hair into little nets.

It was clear early on that Chinese human hair, because of strength and non-curliness, had by far the best quality for the purpose, apparently better than hair from horsetail. In China it was possible to obtain human hair in large quantities. Colonial exploitation, or what else? The hair was cut and combed from Chinese women and men in such a way that they could constantly grow new hair for sale. However, the moral implications of exploiting the human body in such ways (reminding of the use of women as wet nurses, selling of blood, semen, and human organs) is a latent problematic of the work. For the people who provided the hair it meant a chance to some welcome income. To what degree it was a humiliation of the poor who had to earn money in this way, is quite another question.

The handicraft involved in the production became a flowering home industry in a Bohemian province, where the whole area seems to have prospered from it during the years before the Second World War, the heyday of this hairnet production. Women and children learned the trade, and the activity seems to have brought income and self-esteem to many otherwise extremely poor European homes. Also, in Shandong similar manufacturing grew up for a period.

As Lee Chinyun makes clear, she collaborated with her Czech colleague and friend, Professor Lucie Olivová, on some of the preliminary studies that lead up to the present work. Thus, a Chinese and a Czech scholar joined hands, and published portions of the study in English together. Now we have the full-fledged work in Chinese for which Lee Chinyun is the main architect. Her excellent book is both convincing and moving. On the background of the author's well-informed and detached attitude to the social and political factors of the hairnet industry, a moving picture of the true people and true places of this enterprise is painted.

*Vibeke Børdahl,*

Nordic Institute of Asian Studies, Copenhagen University

國立暨南國際大學歷史學系李今芸教授的《髮辮走天涯》是一本非凡的歷史相關著作，它的主題看似微不足道——婦女的髮網，一種歷史悠久的商品。無論在西方或東方，有時它一直是女性穿著的一部分、有時它只有偶然的作用。現今，髮網似乎只侷限於芭蕾舞者或馬術女騎士的配飾。歷史的洪流中，髮網由各種材質製成，尤其是各式的線材，例如：羊毛、絲、棉、銀、金等，都具有裝飾性和可見性；然而，有些時期又致力於讓它們幾乎看不見或至少優雅不顯眼，這種髮網最初是由人髮製成，並在 19 世紀末和 20 世紀初蓬勃發展。從 20 世紀下半葉開始，改由尼龍或聚酯纖維製成。

　　這本書是關於由人髮製成的髮網。它的研究目的在於發現對全球化經濟早期的歷史例子，如髮網這種小小的、而很有代表性的具體的業務，其中亞洲、歐洲和美洲相互參與生產和銷售的各個面向。讀者對個別的實業家、商人和工業化學家的探索發明和落實生產方法，得以親密的、內在之認識。1890-1939 年間的主角來自中歐和中國。這項業務的創辦人來自幾個特定區域，即波希米亞（當時屬奧匈帝國）和中國山東；其中，一個捷克猶太人家族特別重要。就像這些創辦人一樣不可或缺的是波希米亞和山東的普通百姓，他們在漫長的工作時間裡用忙碌的手指將頭髮編成小網。

　　髮網業者很早就發現，華人的頭髮因為強韌又不捲曲，故明顯地比用馬尾毛製成髮網來得更好。在中國，人髮可以獲得大量的，或許是因為殖民剝削、抑或是其他緣由？頭髮從中國男女剪下梳

落，以此方式他們可以不斷地長出新髮來出售。但是，以這種方式利用或剝削人體（例如：聘用婦女擔任乳母、出售血液、精液和人體器官）有潛在的道德問題。對於提供頭髮的人來說，這是一個獲得可喜收入的機會；但對於不得不以這種方式賺錢的窮人，受到的屈辱有多大，這又衍生出另一個問題。

髮網，這項手工藝品的生產在波希米亞省以家庭代工的模式如雨後春筍般地發展，尤其是在第二次世界大戰之前（髮網生產的鼎盛時期）。婦女和兒童學會了這項工藝，並為許多本來極度貧困的歐洲家庭帶來了收入和自尊。在山東，類似的製造業同樣地成長了一段時間。

正如作者所指出的，她與捷克籍同事和朋友包捷教授 (Lucie Olivová) 合作進行了一些初步研究，並積累成今日的成果。因此，一位華人學者和一位捷克學者攜手並進，用英語發表了研究的部分內容。現在，李今芸教授用中文出版了完整研究成果。她的優秀著作令人信服亦感動人心。透過作者清楚、中立地解釋髮網業的社會和政治因素，我們得以感人的重塑歷史、勾勒出髮網業的當時活生生的個人面貌和地方的具體味道。

易德波
北歐亞洲學院研究員
丹麥哥本哈根大學

推薦序 2

 

The book you are opening, dear Taiwanese friends, will take you through many pages of captivating reading, full of unexpected turns. It will also take you to various places around the world, and once there, you will meet people from diverse social strata. The places and the characters are all real, and so are their remarkable achievements. The topic of this book starts with trading hair and subsequently unfolds what it led to. Several years ago, the author, who is a university professor of world history and also my dear friend, noted that at the beginning of the twentieth century, human hair was imported from China to Bohemia in great amount. She then discovered that in Bohemia, it was processed, fixed and made into hair-nets. Hair-nets were worn to keep a woman's hair contained, and at the time were highly fashionable. Not only that, they also had, and still have wide industrial usage. Therefore, they were soon exported abroad, as far as the United States. Where did the idea originate, who invented hair-nets and their netting technique? Why were the producers of hair-nets interested in Chinese hair, and not the hair of local people? What other usage can the net serve? There are so many questions one may ask, and find the response in the chapters of this book. I find especially intriguing that the answers are directly given by, and interpreted through historical figures who were engaged in the production, trade and distribution of hair and hair-nets. Also their lives were full of upheavals, because they happened to live in dramatic historical periods, including the World War II, and its aftermath. I daresay that after you finish reading this book, you will suddenly notice nets all around you, perhaps beginning with the table tennis net. Finally, I would like to extend my sincere thanks to the author who, by creating this book, brought Bohemia, the origin of my beloved country ? to your attention.

*Lucie Olivová*

Dept. of Chinese Studies - Center of Asian Studies
Faculty of Arts, Masaryk University, Brno

親愛的台灣朋友，您翻開的這本書將帶您踏上迷人且富意外轉折的閱讀之旅。帶您造訪世界各地、認識各階層的人們。所有的地點與角色都是真實存在的、他們非凡的成就也如是。

　　本書的主題從交易頭髮開始，並逐步地探索它的發展方向。數年前，作者，這位在大學教授世界史同時也是我的深交，發現自二十世紀初，人髮大量地自中國進口至波希米亞，並在波希米亞被加工、固定進而製成髮網。戴髮網除了可以保持女人的髮型也蔚為一時風潮；不僅如此，髮網還具有並且至今仍保有廣泛的工業用途；因此，它們迅速地被出口國外，最遠到美國。知道這個史實後讀者們可能不禁疑惑：這個想法起源於誰？誰發明了髮網及其織網技術？為什麼髮網的生產者對中國的頭髮而不是當地人的頭髮感興趣？髮網還有其他用途嗎？這些問題皆可於本書的各章節內找到答案。

　　我認為本書吸引人處在於它是透過從事頭髮與髮網的產銷的歷史人物來解釋，而這些人物的生命也充滿動盪，因為他們碰巧生活在戲劇性的歷史時期，包括第二次世界大戰及其後續。我敢說，當您讀完這本書後，您會突然留意起生活周遭的各式網，也許是從網球拍上的網開始。最後，我要向作者致以最誠摯的謝意，她通過創作此書，讓我所鍾愛的國家之起源——波希米亞引起了您的注意。

**包捷**

中文系暨亞洲中心

馬薩里克大學文學院

布爾諾

自序

# 辮子去哪兒了？

辛亥革命前後，中國男人剪去了辮子，這些爲數不少的髮辮，最後流落到哪裡？其實，大部分竟都賣到國外去了。1910年時，市場上對於頭髮的需求突然變大，於是，剪辮運動就此半推半就地展開了……。

外國人爲什麼要買中國人的辮子？主因是要拿頭髮當原料，這些頭髮有一大部分被製成了當時最流行的商品——髮網，一個一個地套到了有錢太太們的頭頂上。

筆者無意中在十九、二十世紀的中國海關檔案中發現辮子出口的史料，順著辮子抽絲剝繭，沒想到，一個超過半世紀的故事就此跳了出來。這當中涉及了女人、小孩、猶太人，正好幾乎都是當時的弱勢族群。他們靠著鬻賣、收購髮絲爲生，而這段賣髮的過程，正好與十九、二十世紀，戰爭及災難頻仍的近現代史互相重疊。農村的苦難、女性的偉大與韌性，乃至於猶太人所遭遇的浩劫等，椿

包捷教授和我（右一）。攝於捷克高地的露天咖啡座（2009
年）。包捷是中國藝術史專家，筆耕不已，也大量翻譯中國
及台灣文學作品成捷克文，著作譯作等身。

椿件件都是屬於這個時代的悲慘境遇。

　　本書除了講述髮網本身的故事，有一部分也不得不涉及猶太人
顛沛流離的過去，而筆者側面勾勒出了捷克一部分的近現代史，這
是臺灣讀者較爲陌生的領域。透過這根髮辮，串起了捷克、山東、
臺灣各地的人民，譜出了一個他們專屬的髮網三部曲，當時的婦女
在捷克、山東與臺灣，分別透過髮網，編織出她們自己的歷史，熬
過了那個苦難的年頭。

　　本書另一個目的是介紹通俗歷史，筆者爲了提高文章的可讀

性，採用雜誌書的編排方式，大量使用照片和邊欄來補充說明髮網的故事，這樣的手法或許不容易聚焦，但我認為增加了閱讀歷史時的趣味，希望鼓勵更多人願意翻閱歷史書籍，讓思考變得理性。這或許很困難，但我還是想試試，畢竟歷史學家們也不一定都習慣理性思考，只要努力，總有希望。

我一直認為，不論是臺灣史或中國史，都應放在世界史的框架下來認識、學習，臺灣史或中國史的外來因素很多，如荷蘭東印度公司，如佛教、美洲農作物等，始終無法避免外來力量的介入，不論是基於歷史的事實，或為了開拓臺灣人的國際觀，我們都應從世界史的角度來看臺灣與中國兩地的歷史演進，然後再把兩者放在適當的位置上。這部書可說是我的一個實驗—髮網是屬於捷克、山東，也是臺灣的產物。

我於書中還原的這段辮子的故事，算是臺、捷學術界兩位女性歷史學者合作的成果。感謝相識多年的捷克好友包捷（Dr. Lucie Olivová）為我蒐集捷克方面的材料。研究也是緣分，假如包捷不認識好友 Maja Dohnalova，那麼 Bondy 的故事就出不來。包捷與我花了二個月時間在捷克高地進行口訪，一起旅遊，探訪檔案館、博物館，沿途中不僅為我翻譯，還為我準備口糧，在大家淪入前不著村後不著店的困窘之際，這些口糧還真是大旱中的及時雨。和那個時代的女性相比，我們很幸運，既毋需挑燈編網，身為現代女性，還

能如此隨心所欲四處踏查，研究歷史。再者，歷經一番周折後還能夠有一點小成果，找到不少線索，揭露了過去鮮為人注意的女性歷史，很是感恩。

嚴格說來，我們倆人其實也是在編網—編歷史的網。在我編寫髮網歷史的過程中，捷克的往昔也都再度映現在了腦海中。

我個人很喜愛捷克。這塊土地孕育出不少了不起的人物，如卡夫卡、弗洛伊德、哈維爾和保時捷—金龜車的設計者，他製造了世界上第一部油電動力混合的環保車。另外，猶太大指揮家暨作曲家馬勒（Gustav Mahler, 1860 ～ 1911 年）也正是在捷克這塊土地成長的。除了這些著名人物令人流連忘返之外，捷克的許多大城小鎮都很美麗，布拉格永遠吸引著來自世界各地的觀光客，莫爾島河的音樂也不時地迴盪在人們的心中。我也很樂意以這本小書，紀念我與捷克的這一段情緣。

李今芸

# 目錄

# 寫在書前……

任何時代都有貧富不均的問題，窮人在賣血、賣器官之前就是賣頭髮，中國人、歐洲人都以賣髮來解決經濟上的燃眉之急。當時，不只是少女賣頭髮，其中也不乏老太太甚至男人，且以白髮的價值最高，因為人老了頭髮會變少，物以稀為貴。

本書從中國人出口髮辮到捷克開始寫起，這些頭髮經過捷克人的加工改良編織成髮網後再賣到國際市場，輾轉再由山東人接棒，甚至在二次世界大戰以後，將此一技術傳進臺灣……。局勢演變至此，該產業似乎已該接近尾聲了，畢竟這個歷程僅占臺灣各式家庭工廠手工業的一小部份，卻也足以顯示臺灣參與全球化的一段歷程，在國際市場上向來從未缺席。

在此順便簡單介紹捷克的近代歷史。十九世紀的捷克仍屬哈布斯堡王朝，它包括兩個主要地區：波希米亞及摩拉維亞，至於斯洛伐克則屬哈布斯堡王朝內的匈牙利，雖然兩地人民使用的語言極為接近，但由於不同的領主，所以有不同的發展，埋下了日後（1993年1月1日）必須分裂的局面——一個特殊名詞「天鵝絨離婚（Velvet divorce）」。1

# 哈布斯堡王朝

哈布斯堡王朝，也稱哈普斯堡家族（Hapsburg），是歐洲歷史上最爲顯赫、統治地域最廣的王室之一。起源於瑞士，十三世紀時遷移至奧地利，直到十六世紀時，成爲一個跨民族的複雜政治體，包括捷克斯洛伐克、匈牙利、波蘭、巴爾幹等地，甚至比利時、荷蘭、西班牙，一度包括南美、菲律賓。國王查理五世（1519～1556年）更企圖上追羅馬帝國一統歐洲，無奈心願未成，最後遁入修道院。哈布斯堡王朝的致命傷其實在於境內種族太複雜，一次世界大戰後，美國總統威爾遜依民族自決的原則，讓大家各自建國。捷克斯洛伐克就是在此時建立了第一共和。

查理五世下台後，哈布斯堡王朝分爲兩支：一支在奧地利，也就是本書所描述的這個分支，另一支則在西班牙，於西元1700年絕後。哈布斯堡有其歷史地位：它艱苦抵擋住鄂圖曼土耳其的進攻，否則今日歐洲可能是回教區；也是天主教的中流砥柱，至少它沒讓新教改革侵蝕了整個中歐；它更是啓蒙運動的參與者，讓較落後的中歐跟上西歐的進步。

中歐與東歐是民族混雜的區域，由於歷史、移民的因素，日耳曼人及斯拉夫人生活空間錯雜，很難以山脈、河流把兩個民族的生活空間切割開來。捷克的地理位置正好夾在兩大日耳曼強族之間，捷克境內的日耳曼族不僅有奧地利籍，也有為數不少的德國籍，亦即北方的德國與南方的奧地利；若說好處，是捷克可以分享到這兩強的經濟利益，但論缺點，則是它必須面臨這兩強的政治夾擊，而這些優缺點從古至今便一直不斷影響著捷克的歷史演進……。

## 得天獨厚，政經地位嘉惠

中歐的工業革命與民族主義幾乎是同步發展，拿破崙的征伐刺激了中歐及東歐民族主義的興起。拿破崙戰爭結束後，和平給予這些地區喘息的機會，中歐順勢追上英國的工業革命。例如捷克便幸運地搭上工業革命的列車，使得波希米亞在重工業、輕工業及農業等方面皆有亮麗表現，在電力、機械、軍火、化學及汽車等技術上均取得長足的進展。此外，文化及學術人才輩出，更讓捷克成為奧匈帝國最重要的經濟文化區域之一。

捷克商人順勢利用位居中歐核心的地理位置，活躍於兩大日耳曼民族之間，透過鐵路將貨物往南銷到奧地利，經由位在今日義大

利之的里亞斯特（Trieste）出口，或是深入巴爾幹半島，到塞爾維亞（十九世紀時是獨立國家）或羅馬尼亞。捷克與西北方德國的聯繫可能更多一些，因為捷克從境內沿易北河可直通漢堡而出海，水運的費用比陸運便宜許多。此外，捷克人同時也往奧地利發展，約在 1910 年代，便有三十四萬捷克人住在維也納，分布於社會的高、低階層當中，在奧匈帝國的護翼下，不論是文化或經濟，捷克地區都有相當不錯的發展。嚴格說來，這些從哈布斯堡王朝分出來的人民，對哈布斯堡王朝還是保持著懷舊的情緒，雖然他們也不願意回

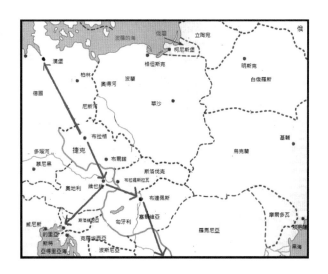

捷克及斯洛伐克位處歐洲心臟位置，早在中古時期，這裡就是溝通波羅的海及亞得里亞海的重要商路。

到過去……。

　　二十世紀初，隨著捷克經濟的發展，資金的流轉也開始變複雜。布拉格成爲哈布斯堡境內第二大金融中心，規模僅次於維也納。原先布拉格的金融掌握在德裔捷克人手中，二十世紀以後，捷克人在銀行界越來越重要。捷克銀行的閒錢輸出，投資到俄國及巴爾幹半島，把錢投資到巴爾幹多少有些政治的遐想，團結斯拉夫族群。


## 政局紛擾，苦難不斷的民族


　　捷克人變得富庶之後，也開始希望擁有屬於自己的政治空間，最初，他們還不敢大聲要求獨立，只是丟出奧地利斯拉夫主義（Austroslavism）的政治理論試試水溫，希望團結哈布斯堡王朝境內的各種斯拉夫民族，邁向自治，甚至能與境內的奧地利人及匈牙利人平起平坐。若說 1848 ～ 1849 年是捷克歷史的里程碑，這一點也不爲過，因爲捷克人發起的街頭革命被一一血腥鎮壓，他們從挫敗中學習，改從語言教育下手，主張捷克語成爲官方語言之一，要求大學建立捷克語部，凝聚捷克人的共識。此外更提出邦聯制，當時雖未成功，但最後仍在第一次世界大戰結束後完成建國大業。

　　捷克建國後，將國名改爲捷克斯洛伐克，這個舉動在當下就

曾面臨極大挑戰。戰後經濟的復甦緩慢，不幸地又遇上 1929 年經濟大恐慌，捷克因有昔日之基礎當靠山，受傷算小；但在外交上就很孤獨，鄰國波蘭及匈牙利便對其國土虎視眈眈，在法國微弱的支持下，捷克與南斯拉夫及羅馬尼亞等國成立了小國協（Little Entente），但這個外交結盟的力道實在薄弱，效果總是有限。再者，1929 年的經濟大恐慌把希特勒推上了政治舞台（1933 年），這又是捷克另一個苦難的開始。當時約有一萬名德國政治異議分子及猶太人逃到捷克，捷克政府付出大量物力、人力照顧難民，同時還要面對國際肅殺的氣氛，處境維艱。1938 年 9 月 29 日，法國總理達拉第（Édouard Daladier，1884～1970 年）、英國首相張伯倫（Arthur Neville Chamberlain，1869～1940 年）及義大利獨裁領袖墨索里尼（Benito Amilcare Andrea Mussolini，1883～1945 年）三巨頭在慕尼黑與希特勒磋商，三人竟把捷克出賣給希特勒，當時的捷克代表即使心知肚明卻也只能在會場外焦急徘徊，不得其門而入。磋商結果當然讓捷克人感到心痛，畢竟他們是以西歐民主方式建國，卻萬萬沒想到竟被西歐出賣。

在希特勒種族主義的分類下，捷克屬於前段班，他認為捷克是所有斯拉夫族中最危險的一群，他也認為捷克人勤勞、守紀律、有秩序，像黃種人甚於斯拉夫人，習慣在表面忠誠之後隱藏真實意圖。

希特勒同意，捷克人深受日耳曼教育純正典範的薰陶，人人都有正確的榮譽感，吏治較上軌道。但真正讓希特勒佔領捷克的原因不是他比較欣賞這個民族，而是捷克境內強大的軍火工業，可以佔為己用。

希特勒以「保護蘇臺德高地（Sudetenland）內德語同胞」為名，在 1938 年 10 月 10 日占領蘇臺德高地且吞併了捷克（1939 年 3 月 15 日），擴大優秀日耳曼人之生存空間。捷克為期二十年的第一共和就此亡國，境內的自由派知識分子及猶太人遭到嚴重迫害。捷克雖因難以對抗強勁的德國空軍不戰而降，但捷克人也曾放手一搏，企圖於 1942 年 5 月 27 日暗殺駐捷克的納粹將領海德里希（Reinhard Heydrich, 1904 ～ 1942 年），數日後，海德里希因傷而亡。這次暗殺雖然成功，但也賠上了一千五百條捷克人的性命，Lidice 及 Lezaky 兩個村子被毀，Lidice 所有十五歲以上的男人都被殺，死亡人數共三百四十人，甚至有十一名小孩被送進了毒氣室，Lidice 則被夷為平地，Lezaky 村則有三十三人慘遭屠戮。這樣的屠殺可能出自海德里希死前的決定；在很多歷史學家的眼中，海德里希是納粹菁英中最心狠手辣者。

這就是髮網生產的時代背景，也正是在這樣的一個大環境下，以猶太人力為主的捷克髮網業備受打擊，猶太工人、老闆們，一個

一個地被送入毒氣室……。

## 完成救贖，髮網成功銷售全球

本書第一章為讀者揭開賣髮的故事、頭髮的文化意義，它轉變成為一種國際原料，宛如期貨，且與辛亥革命剪辮子有了聯結；而餐風宿露的猶太小販穿梭歐洲，跨國蒐購頭髮，或者提貨到外地討生活。

第二章，在歐洲，法國、德國及捷克都有編網的產業，絲本來是這個產業主要原料，捷克猶太商人 Bondy 把它更換成廉價的人髮，再加上染色技術的改進，利用包買制生產，捷克的髮網成功行銷全世界，Bondy 也完成他的髮網帝國。最後這個產業隨著猶太人進入集中營而式微，但戰後捷克又發展出另一種網業，不是戴在頭上，而是用在日常生活中。

至於生產年代稍後的山東又是什麼樣的背景呢？第三章我將介紹山東的髮網業。我們看到髮網緣著鄉村、難民、監獄而流動。十九世紀的山東多災多難，說起山東的近代史始終不離貧窮、改朝換代以及天災戰亂，本應是一個高所得的富庶臨海省分，最後卻成為濱海貧鄉。窮人在大時代中為生存而掙扎，載沉載浮，髮網業適

時出現，成為溺水時的一根救命的浮木。活躍在山東的傳教士及基督教商人乃利用各種手工藝來濟貧，逐漸成為重要的產業，救活了許多家庭。其中，從德國傳來的織髮網成為一個良好的救貧工具，最高潮時一年出口四、五百萬美元髮網到美國，還不計其對歐洲各國的出口。我們因此可以看到山東婦女的勤快，也知道在山東猶太商人的貢獻，一戰中德籍猶裔的髮網商敖苟斯特波靈活地保住身家財產，沒被英商搶走，又利用與美國猶太人的連線，把髮網大量銷到美國金寶百貨公司，造就了他的髮網王地位。

　　臺灣髮網的故事，似乎還沒有受到歷史研究者的關注。這項產業不絕如縷，二戰期間也還維繫著，更沒有因為冷戰立即停止，最後由山東商人帶來臺灣，進入眷村，在貿易史上闖出了一片天，曾經占了當時臺灣出口額的百分之十。然而時不我與，髮網傳入臺灣，剛好也是這個產業邁入尾聲之際，在臺灣大約也僅維持十餘年好光景而已，這是本書第四章所要描述的，兩岸約同時在 1970 年代結束網業。我萬萬沒想到，這個產業竟然也讓臺灣與捷克牽起了歷史關係，這就是研究樂趣之所在。另一方面，整個髮網的故事反映了中國、臺灣都在全球化的歷史軌道中，成為世界史的一部分。

　　這部作品沿襲傳統的檔案研究，前後歷經十餘年。2009 年，我在科技部的旅費贊助下，遠征捷克高地，開啟這項研究。2010 年，

我前往山東青島檔案館蒐羅史料；2011 年，則在 Fulbright 基金會協助下，又於美國國會圖書館奮戰三個月，找到大量的資料，終於完成了捷克及山東兩部分的研究成果。我個人參觀過不少圖書館，但最喜歡的就是這一家，興建於 1800 年的美國國會圖書館，館內潔淨，不見漏水，館員客氣地把訂書送到讀者桌上，圖書館慷慨地提供大量資料圖片，免費下載，本書亦蒙受其利，唯一缺點是附近用餐不方便，然而瑕不掩瑜。之後，我用英文把髮網故事發表於美國《日耳曼研究協會》（German Studies Association）的論文集中。當時因是單篇論文，限於篇幅不大，我忍痛割捨掉很多有趣的材料，同時也未納入臺灣的部分，現在我都予以完整而終成此書，以與華文讀者分享。在追索資料的過程中，同時也行萬里路，因此這部作品不僅是一部社會史、工藝史和平民生活史，也是我穿梭在不同時空中的一本遊記。

寫作的過程中，我彷彿隨著史料又把整個調查跑了一趟。由於許多原始材史料已經大部分佚散，捷克方面必須大量仰賴非傳統的資料，如個人工作室的蒐錄，亦或網路資料及各種口述資料。為此，我與包捷教授參觀了六個博物館及口訪了五名相關人士，他們仍然記得髮網的編織及分布，遂得以述說出當時的某一部分歷史。最高興的是，我們竟在博物館的庫房中找到了編織好的髮網及尚未派上

用場的中國髮絲，實在感謝上天眷顧。

在此，我特別感謝美國 Bryn Mawr College 沈琴娜（Qinna Shen）教授，在她的大力協助下，我的英文論文《Hairnet Manufacturing in Vysočina and Shandong 1890 ～ 1939：An Early Globalizing Home Industry》得以在美國發表：*Alterity and Affinity:German Encounters with China and Japan from the Age of Imperialism to the Present*（New York：Berghahn, 2014）。Maja Dohnalova 女士正是從集中營下虎口逃生、Bedřich Bondy 的孫女，她不但提供所有可能的資料，也把她的車子及司機出借給我們，方便我們在捷克高地的奔走，可惜她在 2015 年 2 月去世，我始終沒能見到她本人。其次，我要感謝 Žďár n. Sáz. 博物館的 Stanislav Mikule 女士、Pardubice 美術館「Východočeská galerie（VČG）」的 Hana Řeháková 博士，在 Jihlava 高地博物館（Muzeum Vysočiny）內的 Rudolf Schebesta 博士，在 Nové Město na Moravě 的 Horácké 博物館的 Sylva Tesařová 博士；同樣也要感謝接受我們訪問的 Bohumil Hospodka 先生、Chlubna 先生、Eduard Kříž 先生、Plachá 女士及 Stará 女士，以及 Plachá 女士特別爲我們示範髮網的製作技巧。另外，我更要謝謝 Cord Eberspaecher 博士提供我山東髮網王的資料，由於山東大學陳勝尙教授的協助，讓我順利在濟南山東大學

的圖書館及省圖書館找到不少資料，並在青島檔案館中，收穫滿滿；在此，一併向青島檔案館的周兆利處長致謝。另外，也感謝中研院臺灣史研究所提供圖片。

當然，還要感謝好友鄭天凱為我編輯此書，讓它更貼近讀者。我的學生黃品閎也不能不提，他替我解決圖片版權等的各式疑難雜症，有學生如此幫助，是很幸運的。

本書的一個特點是大量利用老照片，這是我第一次嘗試透過舊

這是全部由人髮編成的髮束，用途是綁住腦後長髮。若仔細看，還可看到一根一根翹出的髮絲。目前收藏於 Horácké Museum at Nové Město na Morav 博物館。（包捷攝影，2009 年）

照片來書寫歷史。這些照片幾可串連成完整的故事，不僅幫助我自己，也幫助了讀者更能進入歷史情境，這是我感到特別幸運之處。這個課題過去在西方並無涉略，但有關山東的髮網曾有些大陸學者略有研究，而臺灣的髮網也被學者所忽略。本書所訴說的故事並不是太久以前發生的事，但人們對此記憶已然模糊。本書中有關捷克小鎮的地名及人名暫不中譯，應該還不至於在閱讀上造成太大的障礙。總之，我希望透過一種輕鬆的筆調及有趣的圖片來講述這段歷史，省略繁瑣的學術引註，避免干擾通俗閱讀的流暢性。由衷希望讀者們最終能夠讀完全書，對世界史多抱持一些好奇心，藉此拓展我們的世界觀。

時報林憶純耐心處理這本複雜的圖文書，僅此致謝。

---

1 「天鵝絨離婚」一詞源自 1989 年，發生在捷克斯洛伐克，以基本和平的方式實現政權更替的天鵝絨革命。

Marie Uchytilova（1924～1989）設計的受難兒童銅塑像，哀悼在二戰中被納粹屠殺的 Lidice 兒童。（2000 年完工，Ashley Pomeroy 攝影）

壹

「太太，你賣不賣頭髮？」

左：美國國會圖書館館藏照片，John Thomson 約於 1870～1872 年間攝於上海。相片中的這名廣東婦女很有模特兒架勢，頂上誇張的髮型正是當時最夯的「茶壺」風格。另外值得注意的是，這名婦女是天足。

右：戴著特殊髮型的老婦，John Thomson（1837～1921 年）攝於 1869 年。

在編織這段髮網的歷史故事前，讓我們先來了解一下頭髮對人類的文化意義，以及人類賣髮的歷史。

頭髮在世界各文化中有其不同意義，在中國人的生命中首先與「孝」有關，《孝經・開宗明義章》即說道：「身體髮膚，受之父母，不敢毀傷，孝之始也。」就儒家來看，頭髮是父母賜予子女的禮物，要小心保護；清末遺老不肯剪辮者更是比比皆是，除了王國維之外，還有天津大書法家華世奎，甚至如今在天津街坊還能看到華世奎的題字。他以詩句解釋為何不去辮：「今餘一髮難從割，梳櫛曾經慈手揮」，因為這根辮子是兒時母親為之梳理的，故留辮乃是對母親的想念。

此外，華世奎沒說出口的另一層含意是他本人對故國（清朝）的懷念，即使他最終仍未追隨溥儀前往滿洲國……。在華人的文化脈絡裡，頭髮既有如此重要的倫理意義，那麼在尋求超脫的宗教領域裡，佛家更把落髮視為出家人斬斷世俗情緣的表徵。

在歐洲，頭髮對個人也具有強烈的重要性，強迫他人剪髮，代表的就是一份壓迫、懲罰及羞辱。古代希臘羅馬會強迫奴隸剃光頭，居住在今日法國的高盧人更視長髮為美，所以當凱撒征服高盧時，高壓強迫高盧人剪髮，藉以展示羅馬的權威；而在基督教發展初期，羅馬的官員也對基督徒剃頭來加以羞辱。「條頓民族」（Teutonic

右圖這棟美麗的洋房就是華世奎故居，座落在天津河北區北安道三號的義大利租界區，足見這位清代遺老的財力。（李今芸攝影，2019 年）

紮辮子間嗑牙

## 魯迅與辮子

我（魯迅）的辮子留在日本，一半送給客店裡的一位使女做了假髮，一半給了理髮匠。人是在宣統初年回到故鄉來了。一到上海，首先得裝假辮子。這時上海有一個專裝假辮的專家，定價每條大洋四元，不折不扣。他的大名大約那時的留學生都知道。做也真做得巧妙，只要別人不留心，是很可以不出岔子的。……但這真實的代價也真不便宜，走出去時，在路上所受的待遇完全和先前兩樣了。……最好的（待遇）是獃看，但大抵是冷笑、惡罵。小則說是偷了人家的女人，因為那時捉住奸夫，總是首先剪去他辮子的，我至今還不明白為什麼；大則指為「裡通外國，」就是現在之所謂「漢奸。」

nations）對待通姦的女人，也會以剪髮作為懲罰，這種處罰在中國也有，大家可以看看「魯迅與辮子」，魯迅在強勢文化壓力下如何妥協。

二次大戰期間，被關押在集中營的男女，有不少人也是光頭的，當蘇聯解放軍在 1945 年抵達位在波蘭最惡名昭彰的「奧斯威辛集中營（Auschwitz）」時，赫然發現庫房中竟藏有 7.7 公噸的人髮，這些頭髮一捆一捆紮好，顯然是準備運往德國，充當應付各種用途的原料。此外，法國在二戰後將戰爭中與納粹軍人相通的法國女子剪髮遊街，藉以公開羞辱。總之，無論是東方或西方國家，頭髮與個人榮辱，息息相關。

猶太女子婚後必須覆髮或包髮，全覆或露出一部分，用帽子、頭巾或假髮遮蔽都可。實際上，猶太女子並不遵守，只有在進入禮拜堂時才戴，這個習慣據說源自《聖經》，我們並不知道聖經時代猶太女子要怎麼對待她們的頭髮，但《聖經》內有一個記載，當猶太教士要測試女子是否守貞之前，會揭開她們的帽子或鬆開辮子，藉此作為一種羞辱。

今日不論在保守派或改革派的猶太社區中，都不會要求女性必須每天包頭覆髮。但保守派教會仍鼓勵這麼做，有些猶太教堂堅持女性必須覆髮才能禱告；正統猶太教會甚至認為，丈夫不可在露髮

的妻子前祈禱、不覆髮的女子頭髮應有長度限制。改革派猶太教會則反對覆髮，認為這將使女性處於劣勢，把她們視為性的玩物。在猶太人的習俗中，女人包住頭髮是一種謙卑（modesty）的行為，從這裡我也大膽猜測，穆斯林女子包髮極有可能便是跟猶太人學的。

頭髮在文化上，對個人雖然具有特殊的意義，但必要時人們還是必須割捨的。以下就從各地賣髮的故事說起。貧窮是任何年代、任何國度都不可免的。從各種令人垂淚的故事、傳記與小說中都不難發現，窮人要活下去、如何脫窮，常是他們一生奮鬥的目標，雖說不成功的例子恐怕遠遠超過成功的案例，然而在貧窮的大洪水來襲時，賣髮恐怕是一個最容易想到的方法，而且中外皆是。

## 在哈布斯堡泅泳的猶太人

在捷克的猶太人屬於阿什肯納茲猶太人（Ashkenazi Jews），早在西元十世紀時已來到波希米亞。居住在捷克的猶太人長期受到不公平對待，連號稱人道主義、宗教寬容的哈布斯堡開明女皇 Maria Theresa（1740～1780 年在位）都曾留下迫害猶太人的記錄。1745 年，她下令驅逐所有波希米亞的猶太人，1777 年，她拒絕猶

太人留居維也納，理由是猶太人策動陰謀把奧地利人淪為乞丐，其實女皇誤會猶太人把國家的錢都賺走了。

同樣受到啓蒙運動刺激的是她兒子約瑟夫二世（Joseph II；1780～1790 年在位），改走不同路線來考慮猶太人的問題，他於 1781 年 10 月公布「宗教寬容法案（The Edict of Toleration；Toleranzpatent）」，雖然奧地利國教是天主教，皇帝允許波希米亞的猶太人、抗議教徒、東正教徒均可享受宗教信仰的自由，也不再強迫信仰天主教。1782 年，皇帝公布第二部寬容法案，對猶太人的職業予以初步的解放，允許猶太人從事工藝、買賣及農業，在此原則下，猶太人也可開工廠、從事手工業及農業。

另一方面出現新的限制及規定，比如說猶太區必須建立德語天主教小學，並將小孩送進其中就學，學習數學、地理、德文與公民道德等課程。當然，這些課程都是在地方政府的監督下進行的，於是猶太人習用的希伯來語及意第緒語（Yiddish）就被刻意地忽視了；至於猶太少年可以就讀德語教會中學。接下來的法律規定廢除猶太法庭，統一採用國家法律，原先猶太人社區在民事和刑事問題上的司法自治於 1784 年暫停。猶太社會救濟組織及內部稅法都被廢除，1787 年取用日耳曼姓氏，1788 年猶太人服兵役等。約瑟夫二世作此大規模改革，乃是為了讓猶太人確實為國家所用，故將境內猶太

人予以經濟重整、文化重塑，好讓他們融入這個王朝。儘管如此，這些改革並未讓境內的猶太人取得公民權，也不可以買下他們正在耕種的土地。

1848 年發生天搖地動的革命，中央政府為了回應人民的不滿、平息革命，作了改革與調整，革命以後猶太人走出猶太區（ghetto），可以居住於其他地區；1849 年猶太人與基督徒在法律前平等，受同等保護；1859 年猶太人可以從事任何經濟活動及結社，也可以買土地，成為有土的農民，再也不必圍限於佃農地位；1867 年完全政治解放，猶太人在憲法的保護下也終能擁有完整的公民權。另外，大學與專科的入學之門也對猶太青年開放。在這一連串「德政」下，1830 ～ 1870 年間捷克境內的猶太人與奧地利人越來越接近，捷克境內的猶太人寧願子女上德文學校，而割捨捷克學校。

猶太人面臨的壓力慢慢由奧地利人轉到捷克人。今日到布拉格旅遊，仍可看到金碧輝煌的猶太區。十九世紀，布拉格可能是歐陸最大的猶太人居住城，1900 年時布拉格的捷克人約 41.5 萬人、日耳曼人約 10 萬人、猶太人約 2.5 萬人。到二十世紀後，捷克城市生態改變，日耳曼人的出生率減少、人口比重降低，而猶太人從鄉村湧入而變多，捷、猶的對峙也變得嚴重。捷克與日耳曼人是否對峙？當然也會。猶太人夾在兩造之間更屬孤單，這種情緒反應在卡夫卡

的小說《審判》中。

十九世紀的猶太人在各行各業上都表現得很傑出。大批猶太商人在捷克境內兩大工業城布拉格及布爾諾（Brno）從事紡織業。不僅紡織業，其他如皮革、染色及化學工業方面，猶太人也占有重要的經濟地位，我們可以想像，在經濟生活上他們是捷克人的競爭者，因此捷克人起了嫉妒之心。1892年，捷克發生了一次大規模的排猶及排奧的運動。雖然如此，在波希米亞及摩拉維亞的猶太人，對捷克文化的認同還是有的。猶太人享有一般捷克人的教育生活方式及經濟、文化水平，以致捷克境內的猶太人對於「錫安運動」（以色列建國運動）以及一次大戰後猶太黨的參與並不是那麼熱絡。

## 劍走偏鋒，撇去危險就是商機

捷克語中稱「買髮人」或「集髮人」為 vlasař，倒是如今的捷克人已經不再使用這個詞了，這個行業是到各地去蒐髮，過去便有不少猶太人參與這個行業，據說在捷克這個行業起源於 Dřevíkov 村子，Dřevíkov 就是一個猶太村。5月開始融雪時，買髮人出門尋髮，他們最常去摩拉維亞，因為那兒賣髮的女人最多，他們也會遠涉斯洛伐克或匈牙利。而5月這一趟出門往往要到9月才回。父母長期

不在家，家庭內就出現小孩照顧小孩的景象。那個時代，一家生個七到十五個小孩（當然夭折的比例也很高）是常有的事，當父母出遠門去買髮時，最年長的女兒便得擔負起照顧弟妹們的責任。

來自 Kamenice 的買髮人經常佩帶紅底白點的領巾，夫妻同行，挨家挨戶地叩門（在北美的猶太小販，也是挨家挨戶地叩門），由妻子出面交涉，懇求太太或女孩賣髮，頭髮當然是越長越好，而白髮更是高價。無論在什麼樣的天候下，買髮人都用走路的方式去蒐購頭髮。為了節省旅費，他們不住旅館而睡在乾草堆上，買髮人交易時不一定支付現金，有時會以服飾品來以物易物，例如鈕扣、別針、領帶、手絹及女用手提包等。其中最常用來交換的物品是頭巾，因為女子賣完髮後一定要把頭包起來遮醜……，這種走路商人、以物易物的方式也常出現在中國或者美國鄉下，捷克貧窮女子用這些賣髮的錢買菜、還債或支付利息。此外，買髮人還得提防小偷、扒手或其他意外，畢竟他們沒有任何保險，無法應付突如其來的損失。

據說這個行業利潤相當高，有某些買髮人可以累積到相當豐富的貲財，甚或擁有如貴族頭銜「爵士」的小名，就像美國的猶太小販，最後還開設百貨公司或經營工廠一樣。這個「爵士」行業還提供其他服務，把蒐集到的頭髮加以清洗、消毒，或將長髮接起來，繞成卷軸，賣給廠長（fabrikant）。這一類工廠並不直接編製髮網，

本圖為捷克 Dřevíkov 村的猶太街，Jiří Sedláček 攝於 2011.10.29。Dřevíkov 是個早在十六世紀就已存在的古老村落，據說買髮這個行業即發源於此。猶太人約在十八世紀初入住，全盛時期整村約有一半猶太家庭。到二十世紀初，可能因為捲入大移民的洪流中或消失於集中營內，今天已沒有什麼猶太人住在此地了。

只進行染色、集散、品管、行銷之類的事務。廠長給付買髮人 80
捷克克朗（zlatý；gold crowns）作為旅費，以及貼補 100 ～ 120 捷
克克朗作為頭巾等交換物的費用。下圖便是一個買髮人的帳單。值
得注意的是，要從事這個行業，必須先向政府申請，取得執照後方
可進行。

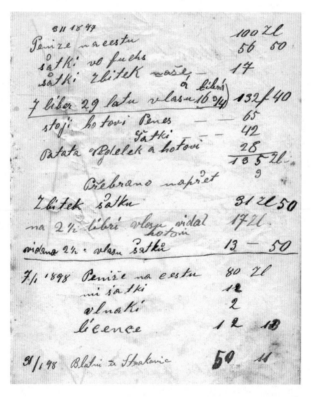

▌買髮人的帳單。資料來源 Museum of Trhová Kamenice。（包捷攝影，2009 年）

左圖的文字明細

**1897 年 2 月 3 日**

| | |
|---|---|
| 領到路費 | 100 捷克克朗（金幣） |
| Fuchs 的頭巾 | 56.50 |
| 留下我們的頭巾 | 17 |
| 7 liber 又 29 lat 頭髮 | 13.40 |
| （1 磅值 16.75 lat） | |

| | |
|---|---|
| 帶回現金價值 | 65 捷克克朗 |
| 頭巾 | 42 |
| 收入和現金 | 28 |
| | 135 捷克克朗 |
| 提前拿到 | 9 |
| 留下頭巾 | 31.50 |

| | | |
|---|---|---|
| 2.5 liber | 現金付出 | 17 |
| 被付出 2.5 | 現金及頭髮 | 13 - 50 |

**1899 年 1 月 7 日**

| | |
|---|---|
| 路費 | 80 捷克克朗 |
| 我的頭巾 | 12 |
| 羊毛 | 2 |
| 執照（license） | 12.13 |
| 1898 年 1 月 31 日 | |
| Blatná u Strakonic（地名） | 50.11 |

## 遠征各地，販夫走卒的風霜歲月

前文所描述的買髮人可能就是中、東歐猶太小販的原型。早在十五、十六世紀，西班牙的猶太人就做起長程生意，遠征義大利、巴爾幹、小亞細亞、北非。這些小販一到，便設法找到當地的猶太人，不管是世居多少代或是新入住的猶太人，然後與之締結關係，他們之間的共同語言是意第緒語。

猶太人何時遷移到歐洲已不可考。歐洲猶太人可粗分為二：伊比利半島的塞法迪（Sephardic，羅馬帝國時期已入住伊比利半島，直到十五世紀西班牙將之驅逐出境，之後他們散佈於北非、西歐、義大利、巴爾幹）及萊茵河谷的阿什肯納猶太人，兩者的差異在於宗教儀式、律法及風俗習慣，捷克的猶太人屬於阿什肯納。

猶太人似乎總是在流浪，原先居住在中歐的阿什肯納在十一至十三世紀十字軍東征後，慢慢往波蘭及俄國方向移動，但因受到斯拉夫各族迫害，到十七世紀以後阿什肯納再度西移，甚至遷出歐洲。中歐的阿什肯納從使用意第緒語，逐漸改成說希伯來語及德文，希伯來語原屬儀式用語。德、奧努力對中歐猶太人推展「皇民化運動」，當然也加速德文在這一區猶太人中的普及，例如捷克猶太大作家卡夫卡文章第一版便是用德文寫成的。

從十八世紀末到二十世紀初，再度演出古老的「出埃及記」，猶太人移民速度更烈。在二次大戰前的一百年，約有超過四百萬猶太人的大遷徙，這個數字大概占當時歐洲猶太人口總數的三分之一。從北非到鄂圖曼，從俄國、奧匈帝國到萊茵河，在這個廣大的區域範圍內，成千上萬的猶太人出走，七成移到美國，或者遷至英國、瑞典、美洲、南非、澳紐。這個大移動的結果是僑匯流回故鄉，文化進入新鄉。猶太人把錢寄回老家，提升家人的生活，或者協助家人也離開；另一方面，猶太人把他們的宗教信仰及生活習慣帶到了新的移居地，並對新故鄉的經濟繁榮做出貢獻。

　　移民的原因是為了尋求較公平的生活。中歐政局不穩、革命、對猶太人的歧視迫害、農業災荒等各種理由，迫使人們離開自己的家園。中歐政府限制猶太人的婚配來控制人口成長，年輕的猶太男女結婚後自然想移民美國。猶太人在俄國遭受凌虐尤其嚴重，在一戰、俄國革命、紅白軍內戰期間，猶太人都遭受了莫大的生命財產損失。政治霸凌，加上輪船的便捷、火車的舖設及電報的問世，更加速了猶太移民潮。在此必須補充的是，這個大時代中移民不只限於猶太人，愛爾蘭人及日耳曼人、斯拉夫人甚至亞洲的中國人，同時也都在大量遷移。

　　猶太移民多以美國為終點。美國因為地曠人稀、勞力缺乏，

所以歡迎移民。美國所能提供的工資也較高，給予猶太人較寬容的政治空間及經濟權力，在美國的猶太人參與政治和公民活動的熱情也遠高於其他國家；美國具有比較便利的歸化途徑，較容易取得國籍，於是誘引那些不以美國為第一站的猶太人再次出走，輾轉遷赴美國，比如從中美的墨西哥、古巴，又繞道到美國。這種情況直到1924 年才有所改變。雖然如此，猶太人自知他們即便被界定為白人，但在基督徒為數居多的新世界中，他們所能享有的空間其實很有限。以宗教、種族或經濟的理由來仇恨猶太人的氛圍，總是飄蕩在空氣中，成為一種隱憂，不知何時會爆發……。

猶太人在移居美洲後，也將先前的小販經驗帶過去。剛移民到僑鄉的猶太人通常選擇以小販為生，因為這是最快也最有效的致富管道。身為小販，不必擔負開設商店所須產生的經常費用或開銷，經營成本低，大約六年即可告別這種四處流離的風霜歲月，獨自落戶開店。迅速累積的財富讓他們可以結婚，或與家鄉的家人重聚，最後建立較為理想的生活，而他們的下一代也得以往其他方面發展，不必再受同樣的苦。此外，當小販的好處是自主性高，週六還可回家作禮拜。

這股猶太小販的風潮直到 1910 年代，才在愛爾蘭、蘇格蘭及威爾斯逐漸沒落，美國則到 1920 年才式微，因為 1924 年美國國會

紐約城的猶太小販，美國國會圖書館館藏圖片，George Grantham Bain （1865～
1944 年）攝影。

通過移民法，限制南歐及俄國的移民人數，其他國家跟進，拉丁美洲、澳洲及南非也仿效美國反移民，至此，猶太小販已然累積足夠的資金而選擇定居，因而離開他們原先的行商道路。到了1930年代，流動的猶太小販在澳洲、古巴及中南美洲又有復甦之勢，因為大量德國及波蘭猶太難民為了躲避納粹而逃離了歐洲。

猶太人出走並非出於盲動而是計畫移民，常常是手足親戚相牽引，除了沾親帶故，他們也從報紙、書籍、信件或者各種人道、救濟組織的網絡中找到移民訊息。到了移居地，工廠老闆（特別是成衣業）、倉儲老闆、坐賈、行商，四者連成一線，共同創生。猶太人透過本身的體系進口外國商品，肥水不落外人田。倉儲總是座落在地區的關鍵位置，成為商貨的集散中心。小店也形成在猶太聚集的區域。猶太坐賈則依賴同族的行商小販，把他們的商品運至偏僻的聚落，供應那些地區商品需要，當年小販扮演物流的角色。通常他們不向銀行借款，猶太盤商會提供資金給小販週轉，行商坐賈形成一個借貸關係，他們在共同的教會聚會，互相聯姻，彼此依賴。甚至一些救濟組織也提供免息的貸款，在猶太人數足夠的地方就會組成希伯來貸款協會，提供資金以做周轉。

定居下來的猶太商是新到猶太小販的老師，他們是出借資金、提供貨源者，同時也教導新手如何做生意，怎麼行旅，怎麼說英語

甚或說印地安語。通常坐賈會替新手安排路線，在安排路線時會盡量減少小販間的利益競爭。反過來說，這些小販通常也不願意踩到別人的線、侵蝕到別人的利益，他們寧願在各自的領域內好好作生意。這些流動小販直到某天安定下來，可能開設服裝廠或工作室製造和修理手錶、家具和相框，商店改善了他們本身、家庭以及社區的生活品質。

最初，他們透過走路的方式，挨家挨戶敲門推銷貨物，小販的手提貨箱約有 100 ～ 150 磅重（約合 45 ～ 68 公斤）。稍有積蓄之後便存錢買馬車，馬車可持續地趕路，擴大兜售範圍，最後再定居、經營商店。他們捨不得住旅舍，通常要求住在客戶的家中，寄人籬下的猶太小販仍堅持吃符合猶太教教規的食物，最常見者是蛋、麵包、牛奶、奶油（猶太人不吃豬肉）。他們的作息以「週」為單位，路途遠一點的就在週日出門，否則就延至週一再出發；工作到週五回到所在的大本營鎮上—在這裡休息、見見家人、結帳、補貨或與朋友、供貨的商人相聚以及參加社區活動等。他們不缺席週六的安息日及其他宗教節日活動，藉以維繫社區關係。那些所奔波往來的小鎮，日後往往成為商業大城，如辛辛那堤（Cincinnati）、聖路易（St. Louis）、底特律（Detroit）、密爾瓦基（Milwaukee），以及明尼亞波利斯（Minneapolis）等城市，其發展都與猶太小販的運作

有關。

　　與捷克不一樣，這一行很少有女人從事，夫妻同行也極少，妻子們通常是替丈夫看店。也就是說，即使有了固定的商店，有些小販仍維持著行商的角色，有時還會回頭看看老主顧，或者推銷自己工廠的商品。而由於猶太人被界定為白人，所以在美洲經營生意也比較容易。他們把貨物賣給白人老闆、佃農、紡織廠或家俱廠的工人。但他們不挑顧客，不會專以白人為服務對象，猶太商人甚至也進入了印地安人的保留區營商。美國農奴的解放為猶太商人創造了利多，黑人成為受歡迎的客戶。在 1850 年淘金潮時代，猶太商人每週去礦工居處出售珠寶，順便買回金沙。

　　他們更願意與可靠的女人生意往來，太太則趁著丈夫不在家時享受消費。小販與女性客戶的關係是雙向的，小販兜售珠寶、畫框、眼鏡、手錶、布料、衣服、五金、針線，同時也收購客戶的草藥、羽毛、骨頭、破損的錫鐵器、破布等物品，重覆利用，功能類似於回收舊貨，而這些婦女們則從出售家用品當中享受到賺取私房錢的快樂。此外，他們提供客人較低利息的分期付款，這些猶太小販趁機變成了活當舖。

　　猶太小販改變了偏遠地區的人民生活，十八世紀末英格蘭的女人從小販手中買到眼鏡，大開眼界；哥倫比亞的窮人開始有鞋穿，

## 愛斯納（Sigmund Eisner）

愛斯納（1859～1925年）是來自波希米亞的猶太人，一如其他猶太人，他也是以小販形式展開他的事業，但他實在太窮了，剛到美國時，還必須向堂兄借1美元來當旅費，方才得以開始奔波於途。就在路上奔走時，他遇見未來的妻子，然後定居下來，開設成衣店。開店之初，他依然駕著馬車，延續小販時期的生活，販售自家成衣，孰不知他當時早已是一位成衣製造商。

1898年，美西戰爭爆發，在菲律賓及古巴的美軍穿的襯衫及長褲即是他的商品，此時他也在美國國防委員會任職。他熱心公益，並利用公益的機會鑽進銀行界，同時也捐錢給紅十字會及童子軍，因而也拿下了美國童子軍制服的生意。另一方面，他不忘關懷族人，投身猶太教的改革，參加錫安運動。他的成功故事可以說明來自美國自由資本主義市場的解放力量，讓猶太人在新的自由空氣中得以茁壯成長。

讓走路變得比較舒坦；古巴蔗農妻子，為丈夫買下領帶及手帕，改變了家人的形象；很多家庭臥室變舒適了，因為床上多了床單及枕頭套，牆上有鏡子、畫、相框。

# 萊思的小說

　　萊思（Karel V. Rais；1859 ～ 1926 年），一名捷克寫實主義的作家，作品有小說及兒童文學。他出生於一個貧窮的山地，因為家境窮困，所以畢業後當老師。他當過許多地區的老師，而且每到一個地區，就留下對該地的描寫。萊思的第一個老師的工作是在 Trhová Kamenice，他自 1877 年起在那兒待了五年，後來到 Hlinsko 又待了十年。

　　他寫了很多小說描寫 Hlinsko，1885 年出版一篇十頁短文，篇名叫「買髮（Vlasrar）」，這篇短文是三則連續的小故事組成，第一則篇幅最短，描述一個長期逗留在酒吧喝酒的男人，當他付不出錢無法再下單時，酒吧突然出現了一位買髮人，於是男人把他帶回家中，強迫妻子以 5 塊錢金幣（看來妻子頭髮很美）的代價將頭髮賣給他，妻子雖委屈不願從，但他想方設法，最終得逞而折回酒吧，用妻子的賣髮的錢去買醉！

　　當時賣髮的不一定只限於貧窮人家，家境普通的人偶爾也以之來週轉一下現金。第二則故事講的則是一個經濟狀況很普通的家

圖中人為捷克知名作家萊思，原為小學老師，後來之所以撰寫了賣髮的故事，靈感應出自於他在不同地區任教的經驗。創作者 Jan Mulac.

## 紮辮子間嗑牙

## 假髮

古埃及人已使用假髮，帶動風潮成為產業則要到法王路易十三時，1665 年法國假髮行會正式成立。假髮成為階級的象徵，整個十八世紀男人戴假髮表明高級身份，直到美國獨立戰爭、法國大革命發生，此風才消；女人也偷偷戴假髮，數量不若男人之多，但也不因政治革命而停止。直到十九世紀末，女人為了時尚才大方戴假髮，假髮於是由男人頂上移到女人頭上。

二十世紀假髮業歷經起伏。世紀之初，英法的美髮師大發其財；等到妹妹頭流行時，髮業蕭條；到 1960 年代，假髮業復興，以合成的纖維取代真人的頭髮，便宜推動流行。今日（二十一世紀）東南亞是人髮的重要供應地，在印度婦女被丈夫強迫賣掉頭髮，貧民窟的小孩剃光頭以為可以換玩具，同樣故事再度發生。

庭，其間有兩個女兒。大女兒二十七歲，還未婚；小女兒小了十幾歲，不討母親及姊姊歡喜，卻很受父親的疼愛。某日，家裡來了一個買髮人，問：「太太，你要不要賣髮？」大女兒需要漂亮衣服參加舞會認識對象，媽媽決定自己賣髮，小女兒見狀表示願意代母賣髮，媽媽拒絕了，這是母親第一次對小女兒說出同情的話。小女兒說：「沒關係，頭髮很快又會長出來，不久就能有很軟、金黃的頭髮（可見小女兒的美髮）。」晚上父親回家，一看到頂上無毛的小女兒很是難過，過了幾天卻又發現大女兒得到一件新的天鵝絨衣服……

第三則故事的開場，是一個赤貧而保守的老太太，面容可愛，有著藍色眼睛，滿臉皺紋，纖瘦，總是笑。她赤足在家裡，數著桌上的零錢，接著又讀一封兒子的來信。兒子還在學習，信中抱怨生活很苦，錢不夠用。其實這個兒子在布拉格求學時間已經很久，總是畢不了業（由於不必負擔學費，學生總是不願畢業，不想面對社會現實，以逃避工作，直到二十世紀末，依舊是這一區域大學存有的現象。）突然此時有人叩門，以雀躍的聲音問道：「我是買髮人，聽說妳有全村最美的白髮，請賣給我好嗎？我願意付最好的價錢。」

「要頭髮做什麼？」老太太問。

買髮人答道：「我賣給別人，讓他們可以製作成假髮。老太太，

妳年紀大了，用不到頭髮，頭巾包著的話，就沒人知道妳沒有頭髮，但是妳需要錢，我會付給你 5 元。」

　　老太太心想：「我死之後，丈夫若看到我沒有頭髮會認不出來，即便認出是我，不知是否會怪我？」繼而又想到自己的獨生子在大城市裡生活、看書、讀書需要用錢，於是決定還是把頭髮賣了，換回 4 塊錢及一條頭巾。買髮人走後，老太太繼續讀著兒子的來信：「親愛的媽媽，妳都不知道我的日子有多苦，我很想回家，我會立即抱著妳的頭，吻著妳銀白的頭髮。」萊思的這篇故事最後結語道：「戴假髮的女士，我（萊思）祝賀妳。」

## 中古歐洲，婦女分次賣髮貼補家用

　　較富庶的西歐也盛行賣髮。在法國中央（Correze、Creuse、Cher、Allier、Haute Vienne 及 Dordogne）貧瘠的山區，居民以放牧為生，在每年 8 月的最後一個星期四，St. Loup 市集開市，市集中聚集著許多賣髮人與買髮人，一頭養得特別好的長髮可以換得一戶農家一年的收入，這些美麗的頭髮再經由巴黎的仲介商之手運抵紐約。市集之外，買髮人也穿梭於各省，他們常把色澤較深的法國頭髮混入德國或瑞士的金髮或淺髮，德、法兩國的買髮人也會彼此互

換，藉以滿足各自市場的需求。價格較高的白髮也會混入較便宜的頭髮，總之，這個行業在十九世紀末已然變得越來越興旺。

東歐俄國也曾傳出賣髮的故事。根據清朝駐俄國的商務代表報導，二十世紀初，歐美婦女流行誇張打捲的髮型，但又不欲自己的真髮因捲受傷，於是購買真假髮，戴在頭上，為此莫斯科興起蓬勃的假髮市場，這些取自他人真髮的假髮，一半由外國進口，俄國進口外國頭髮中，又以中國人髮居多，髮匠用機器將一根中國人之頭髮分為三、四根謀利；一半由俄國鄉村收買而來，俄國各村都有人經理此行業，但俄國農婦習慣編辮，長時間在太陽下曝晒，髮質變劣，所以市場上的行情不高。

義大利的南方相當窮困，在二十世紀初，一年可出口 300～400 萬美元的頭髮。義大利髮主要銷往歐洲及南北美洲，那不勒斯是為主要港口，但出口者大多數都是未經消毒的生髮。一如中國，婦女們把夾在髮梳上或梳落在地面的頭髮撿拾起來，交給買髮人。那不勒斯的公司甚至每年遠征瑞士及克羅埃西亞的達爾馬提亞（Dalmatia），蒐購頭髮後運回那不勒斯。義大利女人不會整頭秀髮全都賣掉，買髮人固定到村子來收髮，賣髮的女人把頭髮下半部剪下，把剩餘的頭髮辮好，覆蓋在無髮遮蔽的部分，用這種方法來妝扮自己，如此既可不暴露賣髮之事，也看不出來頭髮少了。一年

後，頭髮長出來，當買髮人再來時，自然又有新髮可賣。如此一來，頭髮成為家中可靠的收入來源之一，特別在一個想盡各種辦法找錢賺的貧窮農村中，更是如此⋯⋯。

# 換針線

　　中國頭髮何時開始出口並不清楚，但是從 1887 年廣州海關檔案中發現當時的一則記錄：海外市場需求降低，讓海關關務人員擔心人髮的出口減少。由此可以確定，至少在十九世紀下半期，廣州早已有出口人髮的事實。

　　1907 年，美國海關及德國海關都有可觀的進口紀錄。這一年，美國從香港進口 41,880 美元的頭髮，76% 是從蘇伊士運河進入美國，其他的則是越過太平洋抵達美國；同年德國的海關記錄中，從中國出口而來的人髮金額多達 150 萬馬克，如果這個數字無誤，完全可以平衡當年中國從德國購買鎗砲所支付的 1,187,680 馬克。

　　1909 年以前，中國海關對頭髮輸出的紀錄尚不明確，但美國已有比較明確的數字：1908 年從香港出口而來 92,209 美元的頭髮，即前一年的兩倍（41,880 美元）；第二年，亦即 1909 年，金額來到 327,559 美元（見右表），即前一年的 3.5 倍，很難想像這要花費多少人力才能蒐集到這個額度的髮量。中國的頭髮也出口到歐洲，因為奧地利與德國是髮網業的大國，至少在 1909 年以後，中

**美國從香港進口頭髮金額**

| 年份 | 貿易額（美元） |
|---|---|
| 1907 | 41,880 |
| 1908 | 92,209 |
| 1909 | 327,559 |
| 1910 | 695,137 |
| 1911 | 292,758 |
| 1912 | 328,973 |
| 1913 | 128,037 |
| 1914 | 18,392 |
| 1915 | 31,345 |
| 1916 | 80,141 |
| 1917 | 無 |
| 1918 | 160,089 |
| 1919 | 228,395 |

國大量的頭髮出口到的里亞斯特及漢堡兩地，每包約55至60公斤。
這兩個港口是中歐在東方貿易上的重要港口，十九、二十世紀均有
定期航線與中國聯繫。紐約更是長髮的轉運站，較劣質的頭髮通常
流向馬賽（Marseille），再透過馬賽分流入歐洲各地，其中的短髮
和梳髮等或用來作為填塞品，或用於其他不同的工業用途上。

　　1910 年以後，中國人剪辮可能與頭髮的大量出口有關，同時也與一時興起的頭髮投機現象相結合。1910 年的紀錄顯示，辛亥革命以前，中國人已開始陸續剪去辮子了，直到 1910 這一年，中國出現頭髮投機的現象，僅是從香港進口到美國的人髮價值即達 695,137 美元，金額是 1909 年的兩倍，人髮頓時成為香港的重要出口品之一，香港當地也馬上出現許多清洗頭髮的小工廠。由於歐洲市場流行各類假髮、假髮絡、束髮、髮網、戲劇用假髮及填充物等，讓這個投機現象快速興起，中國人對於這個突然湧現的機會並不遲鈍，社會各階層的人，特別是廣東嘉應州的鄉紳、學生、商販及工人均瘋狂投入資金在這個新興行業上，甚至不惜借貸來投資，月息高達 4% 或 5%。而計畫總趕不上變化，就在大家拼命找尋落髮的時刻，海外訂單倏然終止，大量頭髮被迫堆積在香港的倉庫內，動彈不得。

　　美國在香港頭髮的進口正說明頭髮投機的起伏：從 69 萬美元（1910 年）攔腰一折為 29 萬美元（1911 年），1912 年微升至 32 萬美元，稍微升起，1914 年又縮水至 18,000 美元、1915 年 31,000 美元，不料一戰結束後又跳到 22 萬美元（1919）。1922 年這一年髮網大流行，僅從香港寄到美國的人髮就多達 35 萬美元、263 公噸。1923 年，從香港的出口減少了，剩下 99 公噸（83,500 美元）。

1911 年，頭髮出口總值下降，這或許是因為革命戰亂的關係阻礙貿易，也或許是因為前一年的存貨還積滯在國外市場中。當清朝被推翻以後，興起了一股剪辮子的風潮，據說有士兵站在城門口，要求路人得剪去辮子才可進城。民國成立後，中國北方仍有很多男子依然蓄辮，然而華中及華南等地的男子則大多已剪去髮辮了。有些辮子隨著主人下葬，但仍有為數相當多的辮子成為商品，出口到國外。

**1909 ～ 1932 年間，中國頭髮出口額示意圖**

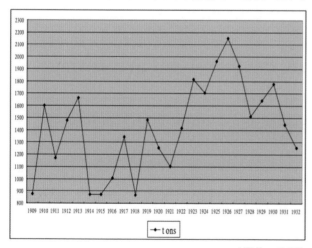

（單位：公噸）

　　上表是從海關檔案中逐年（1909～1932年）編輯出的頭髮出口示意圖，以公噸計，可以看出其數字驚人。從1910以後，這項商品的出口數量相當可觀，表中顯示最高者在1926年，海關紀錄是2,154.61公噸。由於依長度分類後的頭髮價格會上升，所以從1909年起，出口的頭髮分數級，大概是12～14英吋（30～35.5公分）、14～16英吋、16～18英吋、18～20英吋，而36吋（90公分）大概已是極限。1914年、1915年及1918年都屬出口低潮，大概與歐戰有關，到1923年才恢復到之前的交易水準。1932年以後，頭髮出口已不再風光，所以不再列入表中。

　　頭髮與豬鬃是湖南兩大出口品，據說兩者均為當時毛織品所需之原料，其中尤以外銷日本最多。湘省頭髮大部出自湘南諸縣，由於這些地區保留古風，不僅女子皆蓄長髮，鄰近粵、桂諸縣之男子亦多挽髻（不是辮子）。湘桂頭髮最多是經由長沙關出口。湖南長沙、岳州從1910～1923年每年都出口頭髮，多達4,134擔（1910年，約250公噸），少則648擔（1921年）。

　　右頁的圖是1910～1933年間，湖南海關出口頭髮數量表，雖然這個表的曲線與上一個表不太一樣，但透過這個圖表明顯反應了1910年的頭髮買賣投機潮的現象。

湖南長沙岳州頭髮出口

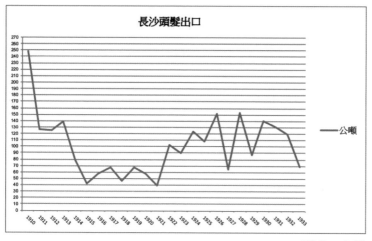

（單位：公噸）

## 原始簡單，賣髮脫貧不分國界

其實在中國，頭髮通路普遍存在。

據《申報》報導，北方各地都有髮商收購人髮。河南是重要髮源地之一，山東髮源來自河南及湖南鄉間，而上海採買到的頭髮則有三成來自河南。河南頭髮先聚集於周家口（今稱周口市，明清時期是河南的物流中心之一，稱為河南四大鎮），另一個集散地則是濟南，收集廢髮的商人把河南鄉間找到的頭髮送到濟南，再整批運往濰縣、青島、煙台等地進行編製髮網。河南所產的頭髮髮質最佳，

華中各省例如湖南、江蘇等所產者次之。髮網商多分派專門的收購員常駐於產區進行收買，不分四季。只是何以河南頭髮品質最佳？據說是因為當地婦女在戶外工作時都習慣用布巾包頭，不施髮油，並以全麥粉為主食，頭髮自然而美，易漂染且具韌性。

從以上介紹可知，至民國時期，頭髮買賣的物流路線已然形成，並非偶一行之的商品。即便四川與西藏的頭髮也有其管道出口到國外。四川商人昧於行情，加上分類不精，所以四川人的頭髮儘管比較粗，價格卻較低，以致賣髮人並未獲得合理的利潤。即便鬻髮是這樣原始簡單的行業，也有它的行規，但由此也可看出仲介商的精敏與否涉及商業的獲利。

再者，男人的頭髮也開始加入買賣。不論是北方或南方的邊陲地帶，蓄長髮的男子也提供了大量的貨源。有相當數量的頭髮是來自理髮店，理髮師傅蒐集從客人頭上剃下的髮絲；在農村，婦女們蒐集每一根落下的頭髮，不管是自己的或家人的，當賣貨郎巡迴到各村落時，她們就把這些落髮拿出來交換針線、火柴等日用品。這些頭髮就這麼一站一站地集中到大城市，最後到達港口待整、待染。人們在碰到饑荒、洪水及家中經濟困難時，當然可能逼迫家中女子賣髮。

曾有一說是，有部分髮源可能是來自於乞丐、罪犯甚至是死人

的頭上，事實上死髮的品質不佳、賣相不好。據美商意見：生髮（活人的頭髮）比死髮好在於色澤及韌性。由中國運來的死髮，離頭日久，其色澤既減而漸枯乾，髮質變得易脆斷，兩者價格懸殊。唯由歐洲運至者生髮較多死髮較少，蓋因歐洲鄉僻之地，貧賤婦女不惜售髮以糊口。也有人認爲這類報導是錯誤的，或者是誇大的，與中國人的生死觀不符。中國人不會任意賣髮，的確有些人把辮子身後隨葬；商人也不會任意扒死人頭髮出售，這樣的行爲大有可能犯忌諱。外銷國外不但要生髮，最好還是有錢人的頭髮，因爲主人吃得好髮質才美麗。在香港，有婢女偷偷將主母的頭髮從梳子中收集起來，轉賣給理髮店。

日本其實也出口頭髮。

1908 年從大阪出口價值 47,286 美元的頭髮到美國，1909 年從神戶出口到美國的頭髮是 27,608 美元，但這些頭髮有可能來自中國或朝鮮，一如上述，湖南頭髮的最大出口目的地是日本。日本併吞朝鮮後，大批北朝鮮人出外賣頭髮，他們規避關稅，頂著頭髮渡過鴨綠江到安東去，然後剪下販售，因爲在安東頭髮的售價比在朝鮮高出很多。據一份日本刊物指出，爲了賣髮而截髮的朝鮮人竟多達二十萬人。爲此，北朝鮮的一個小鎮新開張了十幾家理髮店，於是剪髮就像「傳染病一般」在北朝鮮傳開來。值得注意的是，臺灣人

並不賣髮，戰後臺灣商人曾企圖發展髮網業而尋求真髮，卻不可得，這可能與文化習慣有關，或者臺灣人多已流行短髮歐風，沒什麼長髮可賣。

頭髮的最終市場落在歐美諸國，歐洲進口人髮用於工業生產上，美國幾乎多為女性裝飾用。從 1910 年以後，美國成為中國頭髮的最大消費市場，連中國出口到日本的人髮最後也轉口來到美國。在 1918 年發生了恐怖的禽流感，美國的「戰爭商業部門（War Trade Board）」要求從中國、香港及日本等地進口的人髮必須事先申請許可，以防不潔、帶菌的人髮等商品流入美國，並限額每個月不得超過 1,016 公斤，這項禁令最後還是取消。

## 絜辮子間嗑牙

### 頭髮值幾錢？

* 40 寸長者（100 公分以上），每斤 3.5 元
* 27 ～ 30 寸者，每斤 2.5 元
* 20 ～ 16 寸者，每斤 1.3 元

（王德剛 著〈近代山東髮網業的興衰〉，《山東史志叢刊》，1989：3）

北京街上的剃頭擔子，相片約攝於 1902 年。美國國會圖書館館藏照片，創作者不詳。

# |頭髮奇怪的用途|

人髮最大的用途是製造假髮（必須是秀髮），也可以用來做錶鍊、胸針及髮束；在一戰前，假髮已經發達到某些我們今日已然不知的特殊流行，如在西班牙有一種叫 peinados 的髮型，需大量假髮捲造型，其所使用的人髮就是從中國進口的，每公斤可叫價 18 美元甚至 27 美元之多。在阿姆斯特丹，假髮訂製之客製化，迅速確實，一如雜貨、乾貨或日用品的訂單，在每一個假髮工廠所附設的商店中，美髮師帶著他們的訂單前來，為他們的顧客從各式各樣的貨色中挑選出各種顏色的假髮，以及每一色之各種色度，其精確度達到聞所未聞的程度，但價格卻比美國便宜。

用頭髮做成的花邊束帶呈長條型，頭髮先適當地浸過蠟液，不然花邊帶會散掉。這個產品以手工製成，狀如小型蜂巢，髮花邊帶是用來生產人髮假髮的一個配件。用髮花邊做成的假髮，幾可亂真，假髮用有黏性的膏狀物貼在頭皮上，夜間可以取下。而品質較差的頭髮則做成枕頭、墊子等的填充物，朝鮮人的頭髮特別結實，其商業用途更是前所未見，用來編成墊子，放在馬背上、包裹下，藉以

保護小馬的皮膚。朝鮮人的頭髮甚至還能做成袋子或製成韁繩、馬頭繩。大量的廢髮或斷髮賣到法國，尤其是馬賽，長度也許不到六吋，但用來做毛氈或墊子，銷路相當好。光是香港某一公司在 1911 年出口的廢髮，就有五千擔（300 公噸）之多。

英國 Bradford 有一家可能是全英僅有的工廠，利用人髮織布，其經緯線都是人髮。人髮的長度在 10 ～ 12 英吋（約 25 ～ 30 公分），消毒後可織成髮布，先是把頭髮紡成所需粗細的紗，寬約 20 ～ 30 英吋（約 51 ～ 76 公分），長可達 90 碼（約 82 公尺），不上色，布料本身可以呈現人髮混合後的自然色澤，目的是用做男士衣服的裡襯，具備不易破、不縮水、不易皺的優點。

還有一種紡織品與頭髮有關，即用來榨油的濾布（pressing cloth）。大體來說，用駝毛製成的濾布是最便宜的。然而，在法國馬賽，人髮卻是最為廣泛使用的，據說在馬賽，由中國或日本進口的各式人髮製成的濾布較駝毛的成本低、品質卻更好；且日本的頭髮甚至比中國的頭髮更適合當濾布的材料，這也許只是因為在日本處理頭髮的過程較好、而非頭髮品質的差異。在漢堡有一家規模很大的公司 F. Thoerls Vereinigte Harburger Oelfabriken, A. G.，它的主要產品是植物油，附帶生產濾布，最初它生產濾布是為自用，之後才作為商品出售給其他榨油廠。榨不同的油要用不同織法的濾布，

這家公司對榨油認識深刻，它所認定每種濾布的屬性在業界都無爭議。人髮濾布缺點是榨過剩下的油粕或油餅不宜給牲畜當飼料，否則會因為沾黏在油粕上的纖維或毛髮而引發動物腸子的不適。另一個缺點是：相較於羊毛製的濾布，人髮濾布在極大壓力下容易在摺痕處斷裂，斷裂後也比較不易修補。

看到這裡，你是否會覺得，那是一個多麼講究環保的年代啊！

# 小結：用苦難洗滌，夾縫中求存

綜合本章所述，就髮源、價格、頭髮的用途在此作一小結。在中國男女都出售頭髮，在辛亥革命之際，也許男人出售的髮量比女人多。師傅挑著剃頭擔子大街小巷巡邏，用剪刀或刮刀替男士修髮，隨手把剃下頭髮、梳下落髮蒐集起來出售，作為另一種收入。女人、女孩的頭髮或者直接從頭上剪下，或者由梳子、地上落髮拾起，然後出售給買髮的巡迴商人。我們很難想像，在物力唯艱的時代，侍女偷偷蒐集少奶奶的梳子中的髮絮，出售後作為自己的私房錢。賣髮買髮背後需要有一個物流系統支援，朝鮮人必須頂著頭髮過鴨綠江，因為朝鮮沒有這個物流系統。中國人的頭髮被賣到俄國，或從日本、香港轉口出賣到美國、歐洲，而法國的頭髮則販售到紐約。這樣一個不起眼的商品，依照它的品級及路線，到達適合它的都會；更沒想到它在 1910 年帶起的一股投機風潮，順勢推動中國男人剪去辮子，正足以顯示當時中國涉入世界貿易之深。頭髮作為父母的禮贈，理應珍惜，但有利可圖時，說賣就賣。頭髮價格不便宜，在 19 世紀的捷克可以換到五個捷克金幣，或者換布、手帕、換針線、

換火柴。法國 St. Loup 市集裡美髮可以換來一年的農民收入，很可能有些女人年年都來賣，以度過難關、添購家用、存私房錢。剪下頭髮用途五花八門，比如說髮束、濾布、馬鞍、裡襯、填塞物、髮花邊，除了假髮，大部分用途在今日已消失，連真髮髮網都沒了。

　　頭髮事涉猶太人，在夾縫中求生的猶太人常以流動小販為業，包括對頭髮的蒐購，最終成功致富。在美國他們說英語、甚至印地安語，在中歐他們說德語，猶太人願意居住德奧，但日耳曼人及斯拉夫人並不包容他們，一個可能的原因是猶太人太積極進取、成就卓越，只有在美國他們得以盡情發揮商業長才，刻苦成功。

這是安徒生童話中「冰雪女王」的插畫，畫中老巫婆用金梳子替格爾達梳髮，梳完後格爾達就會忘記她的好朋友，創作者 Eleanor Vere Boyle（1825 ～ 1916 年），創作年代 1872 年。

# 貳

## 結網在歐洲

Katharina von Bora（1499～1552 年）肖像畫，此為 Lucas Cranach the Elder（1472～1553 年）於 1526 年繪製。這張肖像畫清楚標示出仕女頭上的絲網，畫中女子乃是宗教改革發難者馬丁·路德的妻子，她出身貴族，戴得起的頭飾。本圖收藏於德國艾森納赫（Eisenach）的 Wartburg-Stiftung 博物館。

髮網是歐洲仕女的飾品，它的流行、退流行有如月之盈虧，早在古希臘時代，婦女就已經使用髮網，那時的髮網是用來宣示身分地位，代表奢華、尊貴的金銀絲細工，或是串上彩色珠子營造華麗感，美觀實用但不一定舒服。十一世紀時的髮網改以緞帶、絨絲線製成，取代金銀絲線，除了可固定髮型並且兼具透氣、舒適感。

到了中古後期，仕女在夏天逐漸以髮網取代帽，使用更為頻繁；到文藝復興時代，髮網仍舊戴在貴族仕女的頭上，而且變得更加奢華，有些甚至長及肩頸，與項鍊連結，或者綴滿珠寶，變成流行飾品。本文所介紹的髮網則是近代的髮網，符合時下人物對髮網的審美觀。最新流行的髮網，要求戴在頭上要「看不見」，講求髮網與配戴者的頭髮同一個顏色，而在材質上更演變成以真髮取代絲，唯獨固定髮型的功能不變。地域上則擴及歐亞，屬於全球化商業的一環。捷克、猶太、德國、山東、臺灣等地的婦女們都插上一腳，該項工藝的演進歷史超過四分之三個世紀之長。

我們從目前的文獻得知，二十世紀初歐洲有三處髮網工業區可稽：法國的製造中心在里昂（Lyon）、奧匈帝國的中心在 Vysočina、德國中心在亞爾薩斯（Alsace）首府史特拉斯堡（Strasbourg）。而當時國際上的幾個髮網交易中心分別是：美國紐約、德國史特拉斯堡、法國巴黎、英國曼徹斯特及倫敦。

# 里昂及史特拉斯堡

　　里昂及史特拉斯堡兩處並非窮鄉，而是經濟進步的區域，今日兩個城市均屬法國，但在 1870 年以後，史特拉斯堡德屬，髮網製作是這兩城市手工業中的一環。

　　先談里昂。里昂是法國隆河流域的一個重要城市，它原本就是法國有名的絲織中心。里昂的絲網是機織的，不是手結的。除了髮網，里昂也織面紗，里昂織工有其他選擇的，端視利潤的高下來裁決生產。這些織網的機器設備並不便宜，1912 年時二手、情況尚佳的面紗織機價值 4,825 美元，全新的則要 6,755 元。1912 年福特小汽車只要 680 美元，看來真不便宜。

　　一次世界大戰前，當捷克髮網業鴻圖大展之時，相對地，里昂的絲網工業並未受到打擊，同樣也是與時俱進。它和美國間的髮網交易不斷增加，地方上的織工都認為該行業潛力無窮。里昂當地有十五到二十個髮網經銷商，但生產者卻只有數名，這個事實造成了經銷商的困境，因為大多數髮網編織機器會用來編織其他性價比較高的網，例如較精緻的面紗網便是一例，當市面上薄紗及面紗需求

變大時，髮網經銷商便很難取得足夠的貨源來滿足訂單。1909 年是髮網業的景氣年，里昂的髮網出口便翻了十倍，1909 年下半年出口到美國的髮網金額是 15,190 美元，而 1910 年上半年則多達 168,490 美元。此時，里昂正逢經濟不景氣，農民立刻把舊織網機搬出來，重操舊業，此舉說明了里昂織網的副業性質。

亞爾薩斯的首府史特拉斯堡是萊茵河中一個重要的轉口站，原為法國的一個重要工業城，素有玻璃、紡織、冶金、皮革等工業。1870 年普法戰爭發生，法國皇帝拿破崙三世率大軍親征被俘，法國戰敗，包含史特拉斯堡的亞爾薩斯及洛林（Lorraine）兩省割讓給新統一建國的德國。一次世界大戰後，這兩省回歸法國，二戰期間再度遭到德軍占領，到二次大戰後才又歸還法國。巴爾幹半島常被比喻為東歐火藥庫，亞爾薩斯及洛林省則有如西歐火藥庫，蓋因涉及德、法兩民族長期以來的恩怨糾葛。

十九世紀末、二十世紀初，歐洲髮網業幾乎被德、奧商人壟斷，發貨中心就在史特拉斯堡，這裡就是染色、人髮及髮網集散中心。從頭髮的進口數字便可說明史特拉斯堡的髮網業，1908 年，德國進口112.4 公噸的人髮，其中有 38.5 公噸來自中國，40.9 公噸來自奧地利。1909 年，有 136.6 公噸的頭髮進口到德國，其中 58.7 公噸從中國來，另外 48.6 公噸則運自奧地利。其實這些經由奧地利到德國的頭髮，

必然有一部分還是從中國出口來的。同樣的年份，德國又把來自中、奧的頭髮販賣出口，從 1908 年的 33.8 公噸到 1909 年的 64.1 公噸，其中出口到美國的數目是 6.7 公噸及 19.2 公噸，筆者推斷這些頭髮極有可能就是送到史特拉斯堡加以染色或製成假髮後再輸出。

　　史特拉斯堡織網工也是由農民兼差。1912 年時，亞爾薩斯的農民多半把時間花在農地及葡萄園內，或者從事其他更有利的產業，於是暫擱置了髮網業或染髮業，與里昂一樣，史特拉斯堡也不是穩定的供貨中心，因為它們的織工尚有其他選擇，習慣把時間及機器用於生產其他比髮網更為有利的產品。但捷克 Vysočina 的農民卻是別無其他選項，沒有重要經濟作物，只好繼續織網。1912 年，史特拉斯堡便售出一千二百萬個髮網，雖然資料說全部的網都是亞爾薩斯的農民做的，但估計其中應有不少來自山東，拔掉產地再改貼上德國製，便可以較高價出售。值得注意的是，史特拉斯堡髮網轉口地位的建立，背後其實藏著一個秘密。原來，中國約在 1908、1909 年剛開始發展髮網時，就是由德國商行秘寄郵包到史特拉斯堡附近的村莊，再行集中到史特拉斯堡，這個商業機密至少維持了三年才被揭穿，便宜的網其實來自山東。史特拉斯堡是德奧商人控制本國及中國髮網貿易的樞紐，那兒有精湛的染髮工業，可惜大戰之後，風光不再。

# | Vysočina |

　　每個國家有富鄉也有著窮壤，Vysočina 就是捷克這塊富鄉中的窮壤。

　　Vysočina 的意思是「高地」，大概海拔六百、八百多公尺高，山丘起伏，林木密布，是易北河及多瑙河兩大水系的分水嶺。它還有一些其他名稱：Českomoravská Vysočina，Českomoravská Vrchovina 或 Horácko，分布於摩拉維亞的西方，波希米亞的東方，南部則接近奧地利，處於捷克的心臟地帶。這塊地區多山多雨，我三次經過該區，就逢上兩次下雨。多雨則多林，現在正好發展觀光業，但對十九世紀生活在這兒的農人卻是很難有那個閒情逸致去享受美景的。寒冬苦長，有時長達七個月，沒有任何收成，農民無法光靠土地維生，特別是他們多屬小農，土地面積僅有二、三英畝，種些甘藍菜、馬鈴薯或甜菜。即便家有乳牛，擠獲的牛奶也只能出售，放在有錢人家的餐桌上，自家餐桌其實很難得見到奶油。婦女們必須下田工作，因為馬匹在這個地區並非每戶農家都有，所以如果家裡沒有馬，婦女們就得下田充當馬匹，在前頭拉犁，而由丈夫

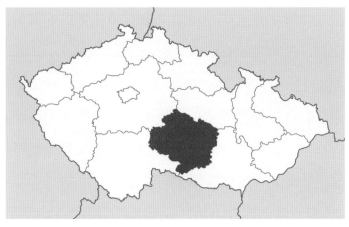

上：此為捷克 Vysočina 位置圖，創作年代應為 2011 年 3 月 4 日 TUBS，Kraj Vysočina in Czech Republic.

下：一如歐洲其他地區的鄉下，美麗的捷克高地維持完整的農村風光，沒有高樓。冬日濕冷多雨。在十九世紀時，對付長長的冬日，最好的工作就是在室內編網。（包捷攝影，2009 年）

在後頭牽犁。農穫不足養生，農家必須另尋副業以增進所得，最常見的就是採石、伐木或做家庭手工業。

我曾採訪的一位八十九歲老太太 Mrs. Stará，她說她年輕時必須打赤腳進入森林，撿拾伐木工人挑剩下的木柴，因為她的手藝不夠精巧，所以無法做手工。若是手巧的人，女紅便是最好的副業選擇，這個收入有時甚至高於農田上的收穫。

## 「包買」制度，讓髮網貿易更具規模

本書要談的髮網業起源於 Vysočina。這塊地區的擁有極為古老的編織傳統，這有助於現代髮網業的興起。十三世紀時，貴族婦女為教堂編織聖桌上的台布，而平民女子也能在網上繡花。到了中古時期，各式各樣的網在這個區域發展起來，包括打獵用的網、漁網、窗簾及髮網。這個編網的技巧在捷克語稱 síťkování 或 necování。織網透過各種不同的藝術設計來表現，很難透過機械來完成，故而全賴手工編織而成。

髮網的生產方式不是工廠，而是傳統的「包買制」（Putting-out system）。在工業革命前的歐洲，「包買制」是常見的一種工作制度，十五世紀即已出現。由一個商人居中發配工作及原料給農民或

城市中的作坊，待製成產品之後，再逐戶去收回。「包買制」有其侷限，不是每種產業都適用，在早期的歐洲（主要在西歐國家）「包買制」是用來發展織布業的。商人將原料發給農民紡紗，商品完工後被商人收回，接著再把紗分到另一區，然後收回布，農民賺取的是一些原料或成品或現金。好處是他們可以在家中配合本身的作息來工作，特別是在冬季無法下田時，由此可得到一些農業外的補貼，有時甚至比農業本身的收入來得高，農家得以提升生活水準，兒童也協助某些簡單的工作，勞力可說是充分利用。雖然必須忍受室內堆滿原料或廢物，但畢竟在家工作比在工廠舒服安全，這個過程因此也替後來的工業革命奠定基礎。

「包買制」的起因是為了規避、突破中古時期行會的限制，在中古的行會制度下，每個城市的商品生產形式及數量都得由行會嚴格管控。當交通逐漸發達以後，出現遠地市場，商人為了滿足遠方市場需求，於是漸漸動員農村的勞力來織布。當然，先決條件是這些農民已經熟悉生產的技術，以及擁有設備，例如紡織機。而當工業革命工廠制度發展後，大批工人轉進工廠，古老的「包買制」並未因此消失，它依舊持續流行於窮困地區，而且依附在工廠作業之下，即使是二十世紀的臺灣，也是如此。

捷克髮網的「包買制」結合了工廠、轉包商與工人，工廠的主

人稱作 fabrikant （德語／捷克語），他們分散在高地的數個城鎮中，靠著代理人或仲介（factors／捷克語）將髮網的製作推展到各個農村中：除了分配材料回收成品，代理人本身必須會編製髮網，具備到農村中去示範的能力，教導農民如何編製，通常一週一次。每名代理人都有其「勢力範圍」，我們訪問到的捷克 Hospodka 先生的父親也是一名代理人，他固定與二十或三十名村婦打交道，這些人彷彿成為他所僱用的下游工人，歸他指揮。編網的工人有捷克人也有猶太人，但在代理人的圈子中，猶太人則是主流勢力。在髮網業高峰期，光是 Trhová Kamenice 人口不到二千的小鎮，就有一百五十名代理人活躍其間，他們才是網業的樞紐，工廠主人間競相爭取或籠絡代理人，以防旗下的代理人跳槽。

　　代理人可能是由前一章所說的專業集髮人（vlasař）轉任，在髮網興盛時期，代理人也有機會成功地更上一層樓，躍升為工廠主人，也就是說，身分角色是不固定的。在 Žďar 博物館內的一張名單上便有三個代理人的名字：Mořic Bergmann 大約活動於 1900 前後；František Krupař 則活動於 1900 ～ 1914 年間；一名女性代理人 Elsa Ecksternová，活躍於 1919 ～ 1920 年前後。他們三人最後升級到擁有自己的店舖，換句話說，代理人的身份是浮動的，「包買制」的存在完全是因為交通不便利，需要一群人居中穿梭。

圖中捷克婦女正用手指理順蒐購而來的頭髮（vochlování），她身上穿的衣服、戴的頭巾正是捷克高地的典型服飾。而照片中的婦女製作髮網卻不戴髮網，因為髮網在當時純粹是中產階級婦女的時髦配件。照片由 B. Hospodka 提供。

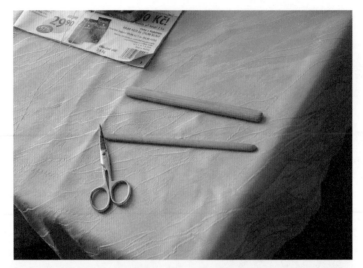

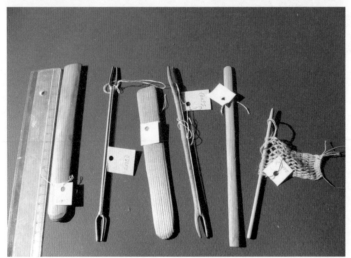

▍結網的工具就這三樣,細棒或金屬棒是當梭子用。(包捷攝影,2009 年)

織網技術的傳輸不僅僅單靠代理人，可以想見的是，當一家中有一人學會，母親教女兒，兄姊教弟妹，全家都能動員起來一起織網。Marie Stejskalová 她原住在髮網的起源地 Chotěboř，當她嫁到 Pelhřimov 時，也把手藝帶到這個小鎮上，比較特殊的是，她扮演兩種角色，一方面是織網工人，另一方面也同時是農民與猶太工廠主人的仲介者。她嚴格篩選貨源，劣質的髮網一概退貨，但是因為她本身也從事織網，所以不算是一個全職代理人。

工人使用一個圓形約六吋的木棒（20 x 0.8 公分）及一根針來織網，多半由年紀較大的女孩及婦女從事，男人有時也會參與，一個網孔一個網孔地結下去，作法與漁網相似，但卻精細許多。織網不同於織布那樣經緯相交，而是一線到底。除了整髮、編網，還要補網、計算、折疊、包裝。一打的網至少要工作十至十二個小時方可完成。編髮網技術並不困難，但需要極大的耐心及眼力。雙線網在中國稱為雙扣網，一為白線，另一為有色彩的線，雙線鬆散地在一起結成網，需要兩倍的頭髮，也需要費更多工夫及時間。

至於工人工資如何？平均來說，成人每天可賺取 2 捷克克郎，小孩則約 0.5 ～ 0.8 克郎。二十世紀初，在捷克一打的髮網工資大概在 0.32 ～ 2.4 捷克克郎之間，至少可以購買一條價值 0.2 克郎熱狗，在一次世界大戰的初期，每公斤奶油值 12 捷克克郎，每公斤

# 結網的步驟示意圖

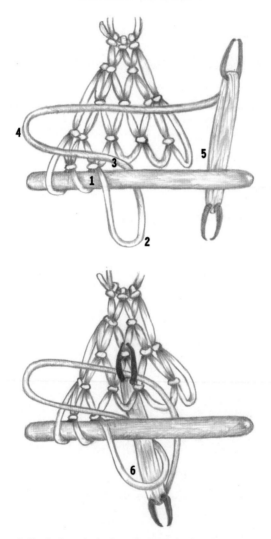

網的工具只有一支梭子及一支木片，在桌上或椅上釘釘，以髮之第一個結套於
釘子上，然後一手執針或梭，一手持木片，如上列數字之次序繞行，中西編法
完全一樣，整網由一髮完成。（錢羿杏繪製）

豬肉值9克郎，半公升啤酒是0.4克郎，而一個雞蛋則為0.26克郎，也就是說，每天的工資足以一家人飽食；網業造成其他產業便面臨缺工的困境，這在中國也出現同樣困境。據說在捷克及斯洛伐克的全盛時期便多達八萬人從事髮網相關產業。

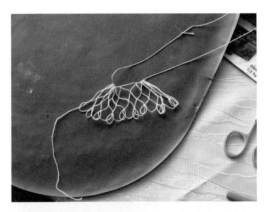

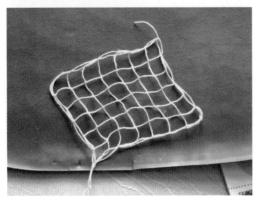

製者可以結結相加，套套相增，然後再遞減網目，迄網成而始止。（包捷攝影，2009年）

## 但求生存，童工史血淚斑斑

　　髮網的生產真是一部兒童血淚史，根據 1907 年奧地利政府的調查，Pelhřimov 小鎮大概每家有四口（包括兒童）從事髮網編製，Pelhřimov 鎮轄區下四個村莊：在 Nový Rychnov 鄉有低於 50% 人口編網；Dolní Cerekev 鄉高於 30%，在 Vyskytná 少於 25%；在 Rohozná 高於 50%。又如在 Nové Město na Moravě 這個小鎮，1909 年時有 1,446 名成人及 1,080 位兒童從事此工。顯然地，童工是個重要的勞力來源，手巧聰明的小孩能夠支持家計。六歲小孩負責接髮成一長線，利用他們纖細指頭把頭髮一根一根銜接起來；十歲正式織網，男生女生都會做。在 Rohozná 村，273 名工人中就有 101 名小孩（佔 37 %），其餘 172 名工人，男性為 57 名，女性為 115 名。

　　根據一名在 Nový Rychnov 教書的老師記錄，兒童必須在清晨四點起床，五點開始工作，然後去學校，放學回來又接著做。有些兒童每天工作十八、九小時，假日時，孩童更從清晨五點一直工作到深夜十點或十一時，他們遊戲、學習的時間都被剝奪了。農田收割時，孩童得以請「收割假」協助父母，但其實他們都在家中編網，並非真的在農田中工作。也因此，孩童變得疲憊不堪，身心受損，往往無法順利畢業，最終被迫放棄學業，有些人甚至罹患某些職業

左：Vojnův Městec 的 Plachá 女士（1932 年～）為我示範如何結網，她從八歲開始結網，結手提袋網，她本人現已退休，設計的產品則改由代理人出售。（包捷攝影，2009 年）

右：兩名婦人及一個小女孩正在做窗簾。資料來源 Iva Prošková, *Síťování*，頁 5。

病如駝背、氣喘、肺炎。試想，全家人圍著一支火把孜孜編網，小孩的眼力肯定大幅下降。而地方官員及教育官員縱然反對，但也無力禁止，有些比較體恤工人的工廠主人如 Samuel Fuchs 之流，願意聘請醫生檢查代理人及工人健康，但這樣的雇主畢竟還是少數。

女性還是當時最主要的勞力來源。在 Trhová Kamenice 有一條街名號稱「仕女之街」（Damenstrasse，今日的 Okružní ulice），因為整條街的房子都進行過翻修，這是女性勞力的成果。1921 年是全世界髮網工業最繁榮的一年，根據統計，捷克髮網工的數量在這一年高達 7,157 名，而其中就有 6,172 位是女性。這一年髮網的出口達 7 億 2 千萬捷克克郎，其中工資就占了 5 億克郎，約 69.44%。我們很難斷言這些勞工是被剝削的，因為在中國，工資其實也占了本錢的七成（68.57%），比例相仿。然而在奧匈帝國內，盲女據說也參與了髮網的製作，接髮成線，但工資卻只是明眼人的一半，而這顯然就是剝削了。

在中國的山東工資也約佔七成，一磅的頭髮價值可以算成 11 墨西哥元，1 磅的網（約 1 籮或 120 個網）價值 35 元，增值的包括經常費用、運費及製作修補勞力，工資約占七成，其實，這筆費用主要流入婦女及兒童，他們在過去除了只在家裡做苦工，很少有被雇用的機會，如今局勢因此轉變了。

無論如何，我們必須承認，在中國的山東或在捷克的高地，髮網業是一項實際的濟貧事業。

「織女圖」（Necařky），畫家 Šmídra Jaroslav（1909～1986 年）於 1940 年繪製。圖中有七名捷克老少婦女，大家圍著一張長桌，奮力編織。感謝 Art Gallery of East Bohemia, Pardubice 授權。（包捷攝影，2009 年）

Bergmann & Fuchs
Trhow-Kamenitz.
Bohemia ——— Austria.

Präparation von Menschenhaaren.
:: Preparation of Human Hair. ::

上：原是一家位於 Chotěboř 的啤酒廠，後來成為 Bergmann & Fuchs 髮網廠。
下：最後一行英文清楚説出 Bergmann & Fuchs 工作：準備人髮。照片由 B. Hospodka 提供。

# 染色的秘密

　　工廠主人肯定是產業的核心，它的主要工作是進髮、整髮、染色、檢查、盤點。工廠主人努力尋找髮源，無論是從中國進口或從買髮人那邊取得頭髮，接著將不同髮源依長度分類，把髮根及髮尾整理成同一個方向。組織、監督代理人的分髮、取貨工作，工廠還必須執行一個比較困難的程序—利用化學原理進行清洗與漂染。在進行染色前，必須先經過清洗、軟化變細、漂白等作業，需要使用化學原料將頭髮酸化，確保髮質軟化、變細，而師傅如何在正確的時間內從酸液中取出頭髮，則需相當實力的專業判斷。漂白則要利用過氧化氫或氨，待漂成純白色之後，再用染料上色，並決定不同的色度。

　　中國頭髮的缺點在於很難打死結。要避免這項缺點，同時又不讓頭髮的力度與韌性降低，是這門行業的秘訣所在。過去工廠採用「煮」的方式讓頭髮泡在染劑裡，而顏色深淺則完全依據髮質而定；泡在染料裡的時間長短，何時取出才能獲得正確的色度，一樣需要高度的專業判斷。關涉到層層的化學流程，包括工廠是否有足夠的

## Vysočina 的 15 個髮網製造城鎮

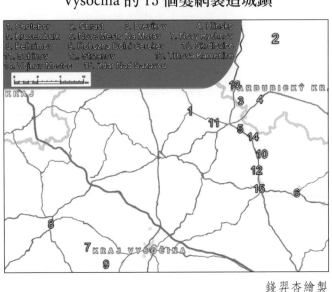

1. Chotebor　　2. Chrast　　3. Drevikov　　4. Hlinsko
5. Krucemburk　6. Nove Mesto Na Morav　7. Novy Rychnov
8. Pelhrimov　9. Rohozna Dolni Cerekev　　10. Skrdlovice
11. Sobinov　12. Strzanov　　　13. Trhova Kamenice
14. Vojnuv Mestec　15. Zdar Nad Sazavou

錢羿杏繪製

通風以免工人中毒，每一個關卡都是必須考慮周到的。

　　Josef Heisler 對髮網業的貢獻在於上色。1870 年時，Heisler 在 Chrast u Chrudimi 這個地方建了一個化學工廠，原為生產化學藥品及紙張，規模似乎不小，其紙張產量可達奧匈帝國的 5%。奧匈帝國是當時世界上造紙的大國之一，以其豐富的森林，清朝即從奧匈進口不少紙張。Heisler 的家族成員有的信仰基督教，有的信仰猶太教，基本上它應該是個猶太家族。十九世紀末期，在此化學的基礎上，Heisler 為來自中國、俄國及摩拉維亞的頭髮上色，雖然這些變

色的真髮並不一定用來製作髮網。歐戰後的 1919 年 Josef Vacek 買下這家工廠並改變生產方向，假髮因此成為該廠的事業主幹。這項轉型相當成功，它所製作出來的假髮也成功出口行銷到全世界。此外，他還在布拉格市最中心的地點：瓦茨拉夫廣場（Václavské náměstí），開設美容院。

1951 年以後，捷克共產黨實行國營化，這家公司也遭到沒收的命運，成為國營的戲劇服務社（Divadelní služba）。而該戲劇服務社仍舊經由英國公司的仲介，從中國及越南進口頭髮，數量約是每年 1 噸；它的業務竟然持續膨脹，甚至在 1962 年還有能力蓋新廠。

1989 年，捷克發生天鵝絨革命，東歐共黨政權在這一年內陸續倒臺，柏林圍牆塌陷，兩德統一。兩年後，也就是 1991 年，戲劇服務社因共黨倒台而恢復民營，然其假髮事業不曾中斷，仍由中國進口頭髮。經理 Eduard Kříž 先生指出，1992 年自歐洲其他國家所進口之 30 公分長的頭髮大概只買到五公斤，但從亞洲進口 40～70 公分長的頭髮卻可達 300～400 公斤之多，而用來編髮網的頭髮就必須是後者的長度。

二十一世紀初，1 公斤的人髮是 15,000 捷克克郎，從日本進口的人造假髮只值 2,000 捷克克郎。比較這兩個數字可以讓我們明白真髮無論在那個時代都是昂貴的，難怪可以救窮。由此可知，今日

即使各式各樣的假髮替代品十九世紀已經被發明出來，亞洲人髮在國際市場上仍居重要地位。這家公司在 2008 年結束營業。

Divadelní služba 留存從中國進口的長髮，圖片由 Eduard Kříž 提供。（包捷攝影，2009 年）

# | Bondy 的崛起 |

　　既然講到捷克髮網業，我們便不能不介紹 Bedřich Bondy（1864～1943年）這個人，他可謂是髮網的靈魂人物。髮網之所以能夠快速地在 1890 年後在捷克高地傳衍開來，實與 Chotěboř 之猶太商人 Bondy 的大力宣導有關。出身於 Chotěboř 小鎮，Bondy 繼承了父親的一間假髮公司，其業務範圍原本只是供應舞台表演用的假髮。最初他依賴 Heisler 為之染色，包括染人髮及染絲，之後他取得 Heisler 的業務秘密，不再依賴 Heisler，開始自行獨立作業。替他解秘是 František Jehlička。Jehlička 是名染色技工，他的雙親就在 Heisler 的工廠裡工作，他在 Bondy 的重金禮聘下，把關鍵的染色技巧帶到 Bondy 的公司裡，而且為之效力長達十年（1915～1926 年）。Jehlička 以廠長之尊，指揮三十名工人，建立起整套染色的流程。誠如前面所描述，染色技術在那個時代不易掌握，中國山東也是幾經挫折及失敗才成功染出自己的產品，所以 Jehlička 確實是必須在此記上一筆的。

　　商人在以人髮取代高價蠶絲編網前，曾做過幾次嘗試，嘗試以

羊毛、馬尾毛等物來替代絲，但都不成功。直到發現了中國人的頭髮作為原料，才得以進行大量生產，唯仍須先經過化學的處理程序，才能進行編製。實際上所有用來編網的頭髮都來自中國。沒有其他人種的髮絲具有同等程度的粗實與彈力來切合髮網所需要的彈性。歐洲北方金髮族的頭髮太過細軟，完全不合用；南方如義大利及西班牙的黑髮稍粗，比較適合；日本人的頭髮則太過僵硬而粗，其他如犛牛的毛也曾經被實驗過，但未成功。

　　上述是廠內作業。至於廠外編髮，Bondy 也成功地建立起「包買制」，透過代理人，到各鄉村去教導編髮，以便動員農村內的勞力。於是，他人也群起仿效之，成為一種創業的模型，整個高地遂

┃ 1.還未上色的中國頭髮。
┃ 2.已上色的中國頭髮。

由此開展了髮網事業。雖然競爭者眾，但 Bondy 還是有能力脫穎而出，在柏林及維也納開設分店，以滿足德國及奧地利的女性顧客。他還有倫敦的代理商，從倫敦把貨分布到世界各地。歐戰前，主要市場在富裕的美英法德，而通常會戴髮網的，多屬中產階級的女子。1908 年外銷到美國的金額達 244,922 美元，1913 年從倫敦及漢堡出貨的捷克髮網，大多是送往美國。如果美國市場需求改變，價格大降，許多業主會遭到淘汰出局的命運。

　　雖然在一戰中，奧匈帝國遭到封鎖，商品無法外銷，但戰後捷克獨立，髮網生產業很快地又與國際市場接軌。一打又一打的髮網不停地外銷出去，同時，新的人造絲網也排入生產線中。Bondy 從

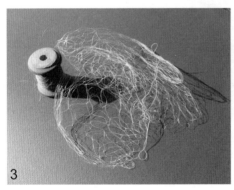
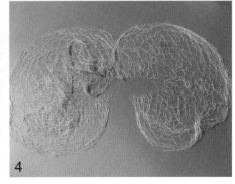

3. 半成品。
4. 成網。以上四幅展品收藏於 Regionální Muzeum, Žďár nad Sázavou。感謝博物館授權。（包捷攝影，2009 年）

網業中累積鉅額財富，1935 年，他在 Chotěboř 建立了豪宅，購置鎮上的第一部汽車，並在首都布拉格置產數處。歸結起來，Bondy 的成功來自幾項因素：天候上，高地寒冷的冬日及地理上貧瘠的環境，使得從農地上被排擠出來的剩餘人口可資利用；取得關鍵性的染色技術更是讓他如虎添翼；同時，他也得力於本身卓越的組織能力，以及對流行的敏感度。

*Bedřich Bondy in 1936*
*(courtesy of Mája Dohnalová)*

本圖取自布拉格猶太博物館，在 2005 年紀念奧斯威辛集中營解放 60 周年出版的書籍，圖片由 Mája Dohnalová 提供。

## 不白之冤，龐大家業憑空截斷

由於猶太人的身分背景，Bondy 的事業在 1938 年隨著納粹入侵捷克後宣告結束。1939 ～ 1942 年間，捷克的猶太人先是被剝奪公民權，接著又被迫從家中遷出，凡是有價的財產皆遭到沒收。Bondy 家族十六名成員全數被遣送至惡名昭彰的波蘭「奧斯威辛集中營（Auschwitz II-Birkenau）」，最後更慘遭處決，其中只有兩名幸運兒活著走出來。雖然捷克髮網業遲早要被便宜的亞洲產品所取代，但如果沒有納粹的這場浩劫，也許捷克髮網在國際市場上還能再持續一陣子。

捷克猶太人處境早在希特勒之前就已日漸艱難。當捷克民族主義興起、要求自治的呼聲高漲時，捷克境內的猶太人變得兩面不討好。之前的猶太人比較認同德語文化，多將子女送到德文學校讀書，如今的猶太人則必須轉向捷語學校。1890 年代，捷克人對待猶太人的態度逐漸惡化，認為猶太人是奧地利陣營的同路人，猶太的生意也因此不被歡迎，猶太人經營的工廠、商店被惡意搗毀，生存空間完全取決於捷克人的支持與否。

反閃族的書及小冊子也在當時的坊間流行。希特勒就在這段期間讀了維也納的一些反猶文章，開始討厭進而仇視猶太人。在捷克

也有人公開訴求政府控制股票市場及銀行，禁止猶太人參與，反對猶太人新建社區，把猶太學生從公立學校中剔除，禁止基督徒女孩到猶太家庭幫傭，要求猶太人退出公職，猶太醫生只許治療猶太病人，猶太律師只能接猶太客戶的案子。

　　在一次世界大戰前一、二十年的歐洲，國際情勢非常緊繃，不論是經濟上的對立、帝國主義的領土占領、民族主義的鬥爭，歐洲各國無不卯足勁拚命。在這種情況下發生挫折時，常拿猶太人作為代罪羔羊，在法國就發生了著名的「德雷福事件」（Dreyfus Affair, 1894～1906 年）：當時法國的頭號敵人是德國，而一名猶太裔的法國軍官德雷福被誣陷通敵的事件；同時，在捷克則發生了「希爾斯納」事件（Leopold Hilsner, 1876～1928 年）。

　　1899 年 4 月 1 日發生了一個大案子，Polna 城中有一名十九歲的天主教女裁縫師 Anezka Hruzova 遭人殺害，屍體被發現在一個窮猶太區。官方立即逮捕了一名可疑的猶太流浪漢希爾斯納，此人從外表看來就令人生厭，檢察官在確定殺人的可能動機時，強調一個事實：受害者是遭刺死，留下的血沒一個手掌多。接著罪名被籬織擴大，不論持何種立場的報紙都這麼報導著：希爾斯納殺死了一名年輕的基督徒婦女，以便利用她的血液進行儀式。凶案發生在 4 月，這是猶太人過逾越節（Passover）的時間，猶太人會用血來製作逾

此圖為捷克國父馬薩里克肖像。George Grantham Bain（1865～1944 年）攝影，
美國國會圖書館藏。

越節的未發酵麵包（Passover matzot）。

再回到希爾斯納這個案件。在 Kutna Hora 的地方法院判希爾斯納絞死，但他很幸運，一位捷克知名的學者挺身爲之辯護，他即是後來的捷克國父馬薩里克（Tomas G. Masaryk, 1850 ～ 1937 年），布拉格捷克大學的哲學教授，也是捷克進步黨（Czech Progressive Party）的領導人，他爲此案寫了一本小書。爲了回應馬薩里克的要求，1900 年 10 月案子重新再審，但並無新的證據。此時希爾斯納竟又不幸捲入另一個殺人案 Marie Klímová，就在此時，皇帝下令減刑，希爾斯納乃從死刑被減爲無期徒刑。他在 1918 年被釋放，在監獄中活受罪十九年，並在 1928 年去世，在生命最後自由的十年中，他以當小販爲生，並且改姓爲 Heller。

當希爾斯納的案子在審理時，捷克猶太人推出各式宣傳活動來聲援希爾斯納，捷克猶太民族聯盟（The Czech-Jewish National Union）把柏林神學家 Hermann Strack 的文章《反對儀式謀殺迷信》譯成捷克文，發行了七千份傳播；捷克大學醫學院也揭發所謂儀式謀殺是僞「科學」基礎。馬薩里克更親自在遊行隊伍前線，與其他人一起吶喊，要求重審。就在這樣的氛圍下，猶太人決定自立自強，發起國際錫安運動，期盼建造自己的國家，這便是後來的以色列。因爲猶太人明白，不管他們再怎麼低聲下氣，終究很難在別人的屋簷下獲得公平的待遇。

# 逾越節

根據《舊約聖經》，摩西帶領族人逃出埃及時，召集眾長老，要求他們把羔羊血塗在門上作記號，耶和華將幫助猶太人逃亡，殺死埃及人，看到有血作為暗號的門就不會進入擊殺。猶太人因此留下了這個習俗，感念耶和華的救助。這種習俗演變成為「血謗（blood libel）」，所謂血謗是控訴猶太人殺基督徒後取其血來做儀式，如今捷克人則以此作為攻擊希爾斯納的藉口。

| 沒落、轉型 |

　　根據捷克方面的資料所述，在納粹之前，日本髮網是造成捷克網業萎縮的重要原因。當一次世界大戰發生時，日本迅速攻擊青島，擄獲了不少德國技工，於是日本企業家乃利用這批俘虜生產髮網；而一次大戰造成德、奧商品被封鎖，原有的髮網市場因此被日本商人輕鬆取得。戰後，捷克髮網的挫敗則肇因於 1923 年日本的傾銷所致，大批廉價的髮網從漢堡分銷出去，由於日本工價比捷克工價便宜 75%（此時一打的捷克髮網已上升到 20～30 捷克克郎），儘管捷克的產品極為優質，此時也立即痛失 98% 的德國市場。而前一年，德國馬克因為戰敗國賠款問題大貶值，更加速了日本商品的滲透，消費者寧可買便宜的日本貨，捷克的髮網因此被取代。

　　只不過，所謂便宜的日本髮網，極有可能是在中國生產的，因為據統計，1924～1942 年日本每年進口中國髮網，最高峰是 82,677 籮（1934 年），由此不難看出端倪。而這樣的轉變導致捷克高地有成千上萬的家庭生計頓時陷入困境，很多工廠主人在這一波經濟危機中倒閉，Bondy 則因財力比較雄厚尚可維持。捷克髮網出

口從 1921 年的 7 億克郎，瞬間掉到 2,677,000 克郎（1924 年）的低谷，甚至還得反過來進口 41,000 克郎的中國髮網。事實上，捷克髮網很難挑戰東方便宜的網，中國海關紀錄顯示，從 1928 到二戰爆發後的 1940 年間，捷克不斷進口中國髮網，中間僅有兩年中斷（1930 年及 1933 年），最高紀錄則是在 1937 年的 32,694 籮。

捷克商人自然也曾考慮到雇請廉價的山東工人來代工，把已經處理過或尚未處理的頭髮運到山東編髮網，但最後則因價格談不攏，只好作罷。

## 遭逢變故，亟需轉型以求生路

危機中捷克高地髮網的轉型出現，捷克網的生命得以延續，這是由一名叫克基爾（Vavřín Krčil, 1895 ～ 1968 年）的技工完成的。他出生在奧地利的 Aspang 區，自小喪父迫使他人格早熟。為了協助家計，克基爾十一歲那年開始與母親學織網，他的母親教他製作網帽將來養家糊口。一戰期間，克基爾任職救護軍官，奔走於波蘭、塞爾維亞及俄國之間。一戰結束後，他回到 Žďár nad Sázavou，取得販售小百貨商品、男性飾品及女性頭髮的執照，可賣相關的產品。就在髮網高峰期 1921 年，克基爾任職於 Jaro j. rousek 公司（後來

的 TOKOZ）開始推銷工作，該公司販售金屬工具，包括釣魚用的器具，而克基爾所負責的正是漁網部門。

大約也在此時，克基爾和他的妻子瑪麗亞（Marie Krčilova, 1899～1980 年）在 Nově Město na Moravě 成立自己的公司，該公司在 Žďár 地區製網，把民間刺繡轉移到了窗簾和桌布，意即在網上加花樣。1922 年公司正式取得商標「Marque Saarense」，並以此商標把髮網等相關產品賣到德國、法國及奧地利，甚至北非、加拿大，其中德國仍然是最重要的伙伴。在 1923 年時，他的髮網事業到達高峰，他更在 Žďár 舉辦了髮網展覽，介紹髮網。就在這一年，髮網生意因當時流行的短髮趨於沒落。之後，亞洲髮網的銷售頗有蠶食鯨吞之勢，一個強大的競爭對手日本出現，它們使用大量的髮網淹沒了整個歐洲市場。

克基爾面臨轉型以求存活之道，之前他已經嘗試過製作彈珠網及球網，現在他把同樣的編網技術運用來編製各式手提袋，只不過材料以棉線或人造絲取代，它們便宜、輕便且易庫存。很快有其他類型提袋出現：購物用、散步用、掛肘部、放肩膀、運動和遊戲用；還有女子自行車網、網球網。手工購物袋是用人造絲紗製成的，於是他的產品興起另一種時尚，這一類網袋很快地流行於歐洲，當然這些新網袋也很容易在其他國家例如瑞士、義大利等仿造生產。

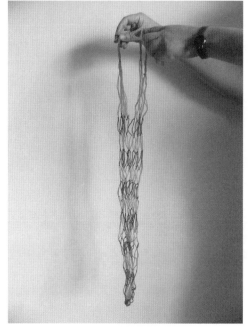

上：網袋（包捷攝影）。
下：你想得到嗎？今日超市使用的網袋，竟是起源於捷克（包捷攝影）。

1932 年，他將公司遷至 Stržanov，五年後擴增庫房。1938 年，他取得專利，並且在北義大利設一分廠。

1948 年捷克共產政權正式建立，克基爾的八百多名員工工廠不免被國營化，因而改名爲 KONOPA 公司，但這家公司在他的領導下仍有新產品問世，如織網的窗簾、杯墊、乒乓球網、腳踏車掛網等。之後，他本人曾被關押在監牢長達四年，直到 1990 年代才完全平反。

製窗簾架。今日捷克婦女還會以製簾為嗜好。（包捷攝影，2009 年）

上：五○年代的網狀窗簾製作。
下：克基爾（Krčil）和他的產品，高檔的網狀窗簾用來裝飾豪華旅館。

這類產品單價比髮網高出許多，例如戰前一個窗簾價值 156 克郎，品質也相當紮實，可耐用十五至二十年，主要顧客是大旅館及溫泉區的住房。其生產仍維持「包買制」，在 1939 年約有六萬家庭從事各種網的生產，1945 年則有五萬勞工參加生產。克基爾的一生都奉獻給了製網業，他最終在商務出差的旅途中猝死，遺體運回 Žďár nad Sázavou，埋骨在這個網的故鄉，也是他的事業起源地。

妻子瑪麗亞克基爾夫人也是行家，比克基爾出道更早、於五歲時就從父母那裡學習織網，居然在六歲時與同班同學用教室建立織網坊的社團，這個年齡，其他小孩只能做接線、打雜工。1921 年她與克基爾結婚時，她已是一名專家了，掌握網、刺繡技術以及民間圖案。她擅長在網上進行網織和繡花，布拉格驗證民間生產者資格的專家委員會，於 1961 年 5 月 30 日對她進行了審查，並於 1970 年 9 月 24 日在手工網和網上繡花兩項領域上，她取得捷克斯洛伐克民間藝術製作大師的榮譽。

2007 年，另一名捷克商人 Zdeněk Červinka 在中國建立網袋廠，沿用了克基爾的商標，但不幸失敗了。五年後，Ondřej Slapnička 又在靠近啤酒名地 Pilsen 的 Kdyně 建置環保網袋廠，而這一回他選擇不再使用人力，而是改以瑞士機器來生產。

紮辮子間嗑牙

## 兩次大戰期間的捷克髮網工廠

除了克基爾的事業以外，仍有其他工廠從事編網事業。1937
年 6 月 4 日，捷克在漢堡的領事接到德國公司 Rabbow & Co
的查詢函，是否有工廠能生產女性棉織網狀手套，手套將賣
到阿根廷。同年 6 月 15 日，布拉格的輸出機構回答，目前
有三家有能力生產也願接單，它們分別是：

1. František Mach, 位於 Krucemburk, 髮網廠。

2. Malvína Tichá（女性）, 位於 Chotěboř, 髮網廠。

3. Hans Kantor, 位於 Sloup na Moravě, 網具工廠。

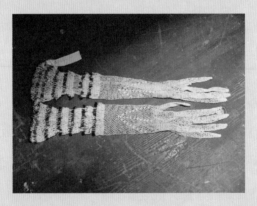

圖中精美的網狀手套，宛如女人的裙擺層層而下，而這樣精美的設
計是絕對無法使用機器完成的。作品目前收藏於 Žďár nad Sázavou
博物館。（包捷攝影，2009 年）

# 小結：脫貧路迢迢……

十九或二十世紀窮人要脫貧，賣苦力之外尚有三條路可走：

最簡單的一途是賣髮，這種情況甚至直到今天都還可見；中國東南亞、印度、仍然是重要的髮源國。

其次是作手工，這個方式比較雨露均霑，織髮網當然辛苦，雖然工資微薄；在這漫長的歲月中，髮網對女性織工的生活，不論就經濟上或精神上來說的確有改善。居住的舊屋可以翻新，太太們可以多攢一點收入補貼家用，也有餘力購買日常用品。

第三種則是擔任巡迴銷貨員，他們將各地的雜物收回，把商品賣到沒有商店的窮鄉僻壤，不論是猶太人或是中國農村的行商小販都是這類例子。猶太商人六年即可獨立開店，我們很難估計中國商人的利潤，但從長沙可以搜集到 248 公噸的頭髮來看，參與此項事業的人定然不少，賠本的生意不會有人做。

今日世界各大賣場都使用網袋裝水果等物，我們萬萬想不到這是捷克的一項發明，更沒想到會與髮網有關，但它代表的另一個意義是捷克髮網業的轉型，把網編的技巧廣泛運用到日常生活中，擴

大了網的利用，讓商品的壽命得以延續至今。髮網雖然不再是當今的重要產業，但它仍戴在少數女士的頭上；不論是網袋或髮網，如今都還無法完全脫離我們的日常生活。

下一章，我們就來追索山東髮網生產的歷史樣貌。

照片上的手套是 Škrdlovice 的 Marie Chlubnová（1904 ～ 78?）的作品，她也是一名當代織網設計師。整件作品完全找不到線頭，宛如是一線織成的。Chlubnová 1948 以前，她就是仰賴 Krčil 作為她的代理人，幫她行銷產品，但大幅的窗簾則由丈夫騎著腳踏車沿街兜售。本照片由 Chlubna 提供。（包捷攝影，2009 年）

Filet-Arbeiten 雜誌上示範網上再網的方法。照片由 Chlubna 提供。（包捷攝影，
2009 年）

参

浮木求生──山東髮網業的展開

# Gainsborough
## Genuine HAIR NET

*The Net of the Life-Like Lustre*

Matchless in quality—yet, only 10 cents—everywhere!
(For the single strand)

*Wear Gainsborough single strand nets for true invisibility.*

Gainsborough Double Cap, 15 cents each or 2 for 25 cents.
Gainsborough Double Fringe, 15 cents each or 2 for 25 cents.
Gainsborough White or Gray, 20 cents each.

THE WESTERN COMPANY
402 W. Randolph Street, Chicago; 1170 Broadway, New York

*If your dealer can't supply you, write your name and address on margin below, enclose 10 cents—mentioning color and shape desired*

WECO Product

*Completes the Hairdress*

這些在美國商場販售的根茲博羅髮網，都是山東煙台信豐公司所製作的。而此張海報的內容是說「戴上根茲博羅的單扣網，就會真的看不見。根茲博羅單扣網（單線結成），品質無與倫比，卻只要（美元）10分，保證完美、尺寸齊全，用消毒過的真正人髮製成。根茲博羅雙扣網，一個15分，兩個25分，白網及灰網每個20分。」

# 動盪半世紀的脫貧手工業

　　山東是自然資源豐富的省份，農作物、礦產品皆有，平原遼
闊，緯度適中，氣候溫和，三面環海，往東北亞及東南亞都很便利，
這是德國在參與瓜分中國領土時選擇山東作為其勢力範圍的原因。
但是近代山東多災多難，也是造成其貧困的原因：黃河決堤、蝗災
（1919、1920 年）、地震、兵災、旱災，民國以後可說無一年平安，
只是受災程度輕重而已。層出不窮的天災人禍，逼得災民吃種籽和
耕畜，繼而吃草根樹皮，最後取滑石粉充飢。

　　山東長久處在黑暗勢力下，軍閥時代，山東是最受殘酷搾取的
一省。加上歷次南北戰爭，山東又是戰爭必經的用武之地。在兵匪
及長期搾取中的山東，不但談不上建設，就是原來的隄防多被破壞，
森林也被採伐殆盡。以 1913 年 1 月 5 日煙台兵變為例，袁世凱即
位總統後，裁撤北洋系軍隊，但駐紮煙台的商震軍隊第二營沒拿到
編遣費，他們逐集合於司令部前索餉。同月 6 日，商震借款發餉，
把變兵送上「寧靜」、「日進」兩船，運回大連解散，終於結束兵變。
此次兵變雖然短短一兩天，煙台受害商家達二十八間，焚屋八十餘

間，財產損失 4.8 萬元，死傷士兵二十餘人。

　　再以青島為例，奉系軍閥畢庶澄（1894 ～ 1927 年）為山東文登人，他控制青島最久，敲詐勒索無所不為。其後有熊炳琦（1884 ～ 1959 年，他是曹錕手下，1922 ～ 1923 年駐山東）；北伐後又有吳思豫（1886 ～ 1961 年，屬黃埔軍系，1929 ～ 1930 年代理青島特別市市長）、馬福祥（1872 ～ 1936 年，回族將領，游走北方派系之間，北伐後投靠國民黨，1929 擔任青島市長四個月）、葛敬恩（1889 ～ 1979 年，參與辛亥革命及北伐，1930 ～ 1931 年任青島特別市市長，二二八事件發生時，人在臺灣）、沈鴻烈（1882 ～ 1969 年，原奉系海軍將領，皇姑屯事件後，與張學良一起加入國民軍，1929 年他有一大功業，重創蘇聯海軍，1931 年為青島市長）。抗戰勝利後有龔學遂，最後為秦德純（1893 ～ 1963 年，先依皖系，後投國民革命軍，1949 年 3 月任青島市長，八天後離職飛廣州）。北伐前到 1949，青島商人在此其間送往迎來，不勝其擾，濟南名商宋傳典乾脆跳入政界，最終不免失敗。儒家社會沒有重商傳統，政治勢力總是不斷介入商業經營，用現代的話來說，商人就是被當作「提款機」看待。在中國局勢動盪不已的半個多世紀中，青島商人既無法受政府保護免於日本騷擾，反而備受軍閥的摧殘。

　　除了各種天災，人為的重稅也是造成山東窮困的另一層原因。

1929 年時，山東省是中國稅負最重的省份之一，例行進出口稅從 2～20% 不等，還有一項高達 60% 的鐵路運費附加稅，以及出口商品的 1% 檢查費。貨物稅有時重複徵收，郵寄商品徵從價稅 5%；除此之外還有省稅及貨物稅。商人大聲呼籲改變現況，煙台商人更曾因為新的運輸稅課徵而罷市。

嚴格說來，山東是清末以降被剝削得最嚴重的省份，也是災荒最頻仍的省份之一。山東人口太多，耕地不足，每戶約 19 畝，比捷克高地二、三英畝（約 80～120 畝）還少，很多流亡關外的苦力其實是家有薄田的自耕農。戰亂太多也加速移民，與其被拉去當兵，不如遠走他鄉。山東農民因此大量逃荒，為了苟活只得出亡，地廣人稀的東北，成為山東難民的尾閭。

本章延續捷克的網業，介紹山東商民開啟自己的產業，在各種天災人禍中求生存，而且髮網由美觀轉成實用，也就是說由中產階級的頭上，轉到勞工階級的頭上，這些勞工也包括中國的婦工。

## 人人爭先，找尋商機迅速補位

髮網的編製在中國出現似乎是很自然的事，因為中國是頭髮的最大輸出國，同時中國有便宜的勞力。此一產業主要集中在山東，

## 山東移民

移民是解決經濟困難的途徑之一。山東男人足跡遍及外蒙、朝鮮、滿洲、東北亞、南北美及東南亞。在一戰前每年進出煙台的苦力約十萬餘人，他們春去冬回。1930 年代，一年多達數十萬人出走，這是因為 1927～1928 年天災兵禍連連，加上北伐軍逼近，張宗昌的山東軍潰散，此時張學良又喊出開發北滿，對苦力需求增加，光 1927 一年出關的苦力就超過了百萬，很多苦力從煙台上船，煙台成為僑匯的中心。在山東，草房不見於那些有青年到滿洲打工的村子，因為他們會把錢寄回家鄉接濟家人，蓋磚房。

1917 年，俄國發生布爾什維克革命，停止自由貿易及移民，煙台經濟受到一大打擊；1931 年萬寶山事件，韓人排華；同年又發生九一八事變，張學良撤出東北，日本打壓滿洲農民，1932 年從東北匯入煙台還有 4 千萬元，二年後剩 1,600 萬元，只有四成，這兩個數字說明了山東移民的人數之眾以及移民對家鄉的貢獻。

緣於山東的多災多難,勞工便宜,加上山東緣海,西方商業力量較易進入。中國此時窮鄉僻壤不少,但唯有在山東成就了髮網業,甚且形成壟斷,廣東省雖也企圖發展此業,但廣東勞工成本相對地高,無法與山東競爭。直隸也從事編網事業,由天津出口髮網,但不若山東量多。

山東網業如何起源,有一說法:髮網是由天主教修女引進山東的,多年後,髮網成為重要商品。第二說:可能德國人傳入山東,

美國國會圖書館館藏照片,攝影時間約在 1904 年 3 月 12 日,創作者不詳,圖片顯示苦力在繁忙的煙台港碼頭上工作。

而且傳入不只一地，濟南與煙台的網業幾乎是同時發展。一條比較確定的史料說出引入途徑，由一名叫石樂德（Schröder）的德國人將此技術引進中國的。根據本身也從事髮網業的山東人曲拯民之轉述，大約 1908 年時，在煙台中西大藥房工作的棲霞人王啓典（敬五），以及丹麥大北電報局職員王華亭（二人皆朱元溝村人，英文館夜校同學），兩人合組髮業公司，由大北電報局技師石樂德，傳授編網技術，由王華亭家中的眷屬先行學習，再次第推廣出去，而最早是在棲霞一帶生產髮網，逐漸傳播開來。石樂德返國後，從事髮業公司代理山東髮網，直到歐戰發生，合作關係才結束。

戰後，王華亭逝世，公司由王敬五獨自經營，在德、法之間的邊城史特拉斯堡設行，派遣同鄉劉子惠、王啓光負責，後又派長子王洪堯前去德國，王家開啓了山東髮網業，而且從一開始，就直接與國際連線。1930 年代，劉子惠與王啓光請辭，另起爐灶，合作設立萬福隆公司，劉子惠駐史特拉斯堡，王啓光坐鎮煙台。曲拯民幼年時與王華亭妻子為鄰，聽她陳述往事，得知石樂德之事。

有關山東髮網的另一個傳奇則發生在倫敦。

倫敦商人一直在追索市面上相對便宜的髮網源頭，它們在歐洲銷售三年後，倫敦商人終於從網包中的一張紙片上的中文字發現來自中國。山東髮網是用郵包先寄到德國的小村落，再輾轉運至髮網

貿易中心史特拉斯堡，然後發售到包括倫敦之各大城。雖然無法串連前述髮業公司及石樂德是否就是當事人，但時間很接近，而且都在史特拉斯堡轉口，故推測兩個故事是高度相關。1914 年之後，各國都直接向山東下訂單，山東髮網也跨出了歐洲，直接進入美國市場。此後山東髮網逐漸取代了奧地利、捷克及德國的髮網，成為整個歐美市場的大宗來源。

技術的傳播仰賴原有的基礎。中國北方女子精於女紅，多半能織亦能繡，故當髮網技術傳入後，山東女子很快便掌握了製網的技術，髮網全藉由女工之雙手在家中完成，至於城中的髮網工廠負責其他業務，並不生產髮網，一如捷克。髮網成為熱門產業，由於工資令女工滿意。工資隨髮網的市場狀況而高下起伏，技術熟練的婦人一日可做出一打，一個網的工資約美金 1 分，1918 年左右，工資約銅錢 170 文，比起田中男工日給 150 ～ 200 文都要來得好，甚至賺得比丈夫多，成為一種很好的財源，故十二、三歲的少女亦皆熱衷此業。

據當時曾遊歷此地的觀光客報導，樹蔭下、街巷間，少女編網的手毫不停歇。編網比下田輕鬆，也比當家僕好，工時亦少於為人僕役。1933 年左右，手腳快的人工作一週或十天，即能賺得兩塊大洋，而當時的麵粉一袋 3.8 元左右，因此婦女趨之若鶩。據農商總

長田文烈指出，1917 年以前山東省從事髮網、花邊、刺繡、台布的手工業者多達三百萬人（此時山東人口約三千萬人，若此數字可靠，則約有十分之一的人仰賴手工謀生）。這些女紅通常一人身兼多藝，哪種產業火熱就改做那種手藝。中國與捷克髮網業所不同者山東童工較少，或許是因為中國的人口太多的緣故，婦女的勞力已足以應付。

# 髮網的樣式與染色

　　從外形上看，髮網有圓形及橢圓兩類。在英文文獻中有兩個名詞：cap nets、fringe nets，估計前者就是圓網，用於包妹妹頭（bob cut）短髮，1923 年以後流行；後者是長網，用於包長髮，長髮在 1929 年以後復流行。在 1922 年出現雙扣網（雙線網），以兩根頭髮合編成一網，這原是要改良髮網的設計，以加強網的強度，據說一個雙扣網使用壽命可抵五個或十個單扣網（單線網），但耐用的髮網也有缺點，等於降低了商品在市場中的消耗量，1922 年這一年的美國髮網進口量 3,319,322 美元，僅只是 1921 年的七成，比 1921 年少了 120 萬美元。

　　雙扣網造成單扣網滯礙難銷，而美國市場庫存壓力變大。於是美國商人在經過仔細的盤算後，不再推行雙扣網。當初引進雙扣網到美國的商人已注意到這嚴重的後果，努力地勸中國商人阻止雙扣網的生產，紐約的髮網進口商協會也擬了一個打擊雙扣網生產的目標。

　　然而即便如此，雙扣網始終活躍在市場上。

# 髮網種類型式

從外形上，髮網有圓網及長網（橢圓）兩類。圓形的只有七
種尺寸：8（橫網目）／ 38（縱網目）號網、9 ／ 38、10 ／
38、12 ／ 38、12 ／ 40、12 ／ 42、14 ／ 44。訂單最多的
10 號網圓周約 72.5 公分。長網的大小尺寸多達二十種，依
其網眼（孔）來編號數，從 22、24、26 號依偶數編到 60 號；
22 號網表示網眼只有 22 個；訂單最多的是 38 號網，長約
60 公分。

　　髮網業也促進了化學工業在中國的發展，在髮網業中，染色技術居於關鍵位置。中國發展髮網業之初，尚難以控管染色的技術，因此必須將頭髮送到歐洲或美國染色，然後二度運回中國來進行編網。成品之品質的優劣完全在於染色後的效果如何，以及染色過程是否傷害髮質。巴黎的染工最上乘，染色的價格以法國居冠。有一部分史特拉斯堡編網用的中國頭髮，都是在巴黎染成的，因為巴黎師傅累積長久的經驗，上色前會先解析頭髮，他們能精準染出市場喜歡的色度及顏色。其成品精美無雙，質地帶著白色；英國產品帶紅，但在美麗的程度、光澤上，則比法國產品差一級。

　　一次大戰發生後，讓美國的染色業有所進展，中、歐交通受阻於戰爭，德、奧染好的頭髮無法送至中國，山東髮商乃改道前往沒有戰火的美國，於是這些頭髮在太平洋上來回跑三趟後，這才終於來到美國零售商手中。

　　一次大戰也促進中國當地的染髮業，雖然效果還不盡理想。中國廠商試著學染髮，先從國外進口染劑，最初使用日本某會社公司製、較為廉價而質劣的染料的「過酸化水素水」，此種染料易腐蝕頭髮，也不易著色，致使髮網常因嚴重褪色而被大批退貨。受此刺激，山東商人乃改採美國製的高價染料。光有好的染料不一定染出美髮，就像前一段所說，染色必須具備專業的色彩美感與浸泡時間

## 鷹洋、墨西哥銀

清朝統一鑄造銅幣，但並未鑄造銀幣，一般民間貨幣的使用，小額付款用銅錢，大筆交易用銀兩，當德國商人到山東鄉間蒐購花生時，得運一大車又一大車的銅錢到產地。民間使用各式來自境外的銀幣，其中流通最廣的是墨西哥銀，又稱「鷹洋」，它是墨西哥獨立建國後鑄造的國幣，在鴉片戰爭後經由國際貿易流入中國的，本章中沒有特別說明之「元」都指墨西哥銀元，它的成色保證，價值固定，使用時不必秤重，普及率高。雖然有幾位大臣數次建議自鑄銀元，但直到清廷滅亡，都沒能力徹底處理這個問題。

民國元年後，三次成立「幣制委員會」，修定「國幣條例」，也成立「幣制局」，比較具體的成果可能是「袁大頭」，它有民國三年、八年、九年和十年版，甚至到1951年，中共中央還在瀋陽鑄造一批民國三年版的「袁大頭」，可見其在民間信用度。

多久的判斷能力，否則染後的頭髮因浸泡太短很快變色或泡太久遭腐蝕，當然也會造成生意的挫敗。

　　1917 年時，山東上色的技術已有相當進展，雖然染後毛髮不夠堅韌，而色澤亦稍遜，但足以用來製網上市；到了 1919 年，中國染製成效開始追上外國。一次世界大戰的末期，在煙台就有十個染髮業者：瑞記（德商，Arnhold, Karberg & Co.）、福興和、福祥和、義東、捷記、東興、德興和、興記東、會盛順、海全永。到了 1920 年代，大部分頭髮都已經在山東當地上色，但效果尚不穩定。各國染髮價目表可以看出法國製的染髮價格最高。上等髮網色澤明澈，帶有斑紋或紅色者為次級品。顏色有黑色、深棕色、中棕色、淺棕色、老黃色與褐色六種，配合西方髮色，吻合西方「看不見」的需求。其中，又以中棕色需求最高，占全數的 30 ～ 35%；深棕色占 25 ～ 30%；淺棕色占 15 ～ 20%；黑色、老黃色與褐色各占 5 ～ 10%。

　　我並不是說中國克服染色的問題後，所有的頭髮都在山東上色，高級的網髮在香港或者煙台上色，估計更高級的網可能還是送歐洲上色。下表是日本人在煙台的訪價。

**各國染髮價目表**（1918 年左右）

| 品目 | 30～40吋（髮重量／磅） | 20～26吋（磅） | 8～1吋3（磅） |
|---|---|---|---|
| 法國製 | 16（墨西哥銀）元 | 10 元 25 分 | － |
| 英國製 | － | 7 元 50 分 | 4 元 60 分 |
| 美國製 | － | 7 元 50 分 | 4 元 60 分 |
| 中國製 | － | 6 元 50 分 | 2 元 50 分 |

頭髮「色票」之多，可見染色有多難。（包捷攝影）

# 山東髮網業的產銷中心

山東髮網生產以三大城市為中心：煙台、青島與濟南。或者說，髮產業分布於青島與濟南間 1904 年完竣的膠濟鐵路沿線及煙台。濟南一部分的髮網可能也從上海出口，若從海關出口數量來排名，上海比濟南及青島都重要，但是我們可以想像，這些髮網不會在人工較昂貴的上海腹地生產。受限於史料分布，本章首先以煙台為肇始，介紹髮網業的展開、製造過程、相關廠商等，長期以來，煙台出口的髮網數佔全國出口量的五成至九成；次及可能與煙台同時的濟南髮網業；最後以青島作為結尾，髮網生產在國共內戰時期有些轉變，採用合作社方式，之後青島商人把網業引進臺灣，留待下一章再細談。

就像捷克一樣，城市只是髮網的集散地，真正生產地在周遭的農村，「冬日在室內製造，氣候較寒，工人手指麻木，無形即少得工價。室中光線，又不甚充足，頗費目光，而髮網尤不得不借助於日光，故晴天工人，多在空曠場中為之。」（1924 年 2 月 10 日《申報》，第二、三張）髮網編織非常耗眼力，以年輕女工為宜。

除了三大中心，膠濟沿線也是主要的髮網生產區，如棲霞、牟平、萊陽、海陽、文登、招遠、壽光、益都、濰縣、掖縣、桓台、廣饒、昌邑、昌樂、即墨、平度、膠縣、高密、濟南、齊河、肥城、禹城、濟陽、博平、茌平、寧陽、郯城、蒙陰等縣，參見下附地圖。

煙台這個港口相當特殊，早在 1861 年開港，但它有洋人聚居

## 山東髮網製造分布圖

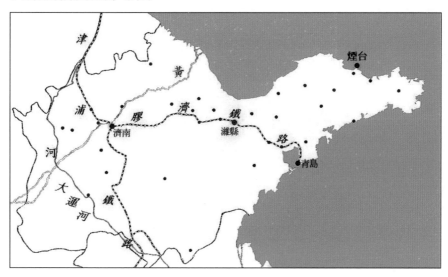

山東髮網製造分布圖，錢羿杏繪製，根據黃澤蒼之《山東》一書製成。

卻沒租界。第二次鴉片戰爭戰敗後西方人強迫開放煙台，它是山東最早、中國第二批開港的口岸，這一批口岸包括臺灣淡水在內。在國際貿易未開放前，它已是遼東半島農產餘糧輸入山東的核心，有戎克船銜接福建，運來南方的物資。它的開港剝奪了南方膠州灣（青島）的商業，膠州因此大為沒落，直到1897年德國發現青島之美，並建為通商口岸，煙台反受到掣肘，1913年煙台貿易額900萬海關兩，青島卻升至6,500萬兩；這段三、四十年的歷史說明這兩港的此起彼落。直到今天煙台還是無法與青島抗衡。

開港後的煙台境內雖沒有設定外國租界，卻有一塊外國人聚

從戎克船眺望煙台港，這種船常見於中國沿海，運人運貨。美國國會圖書館館藏照片，創作者不詳，約攝於1907年。

## 紮辮子間嗑牙

## 海關兩、廢兩改元

當鴉片戰爭後中國正式開放與西方國家貿易，建立新式海關後，於 1859 年起便由英人統一管理。在新式海關主持下，設定海關兩（又稱關平銀）是為解決銀的統一標準，一關平銀等於 37.7495 公克的銀，以方便貿易上的計算，但海關本身並未發行關平銀的貨幣，故其為虛銀兩。但中國各地，不管是官方或民間，關平銀的換算基準，還是無法統一，關平銀 100 兩在上海、天津及漢口都有不同的價值，相當於 105 ～ 110 兩之間。

1933 年廢兩改元，1935 年法幣改革，國家授權四大銀行（中央、中國、交通、農民）發行 4 億 5,700 萬元的紙幣，民間不許再使用銀兩。一般說來最初兩年幣制改革相當成功，並沒有浮濫發行的現象，直到中日戰爭爆發。但從 1936 年煙台髮網織工拒受紙幣為薪水事件來看，可能法幣改革的成效還有待斟酌。

居的區域，曾經有十八國領事派駐此城，也有眾多傳教士、外商出入，人口約八萬（1912 年），但城內中國人經商居多，繁忙的工商業為它奪得「小上海」的美名。一戰前的煙台，旺季當中每天約有四十艘輪船航行於旅順、大連、天津、上海的水域間。區內道路良好潔淨，也仿其他租界區，由一國際委員會管理，此委員會十二人，六名中國人，六名外國人組成，委員會的職責包括護養道路、照明及公共衛生。1900 年，煙台增設海底電纜，通上海、天津及威海衛，直至 1916 年時，煙台全城已有電力供應。

　　最值得一提者，煙台有一間啟聰學家，造福聽障兒童。1907 年，這間學校有四十名學員，其中一名來自韓國，捐助來自英美的聾人及其朋友。它教學有成，在學校中學習最久的三個男孩後來成為打字員、木工及廚師，還有一名較年輕者則成為在校任教的老師。

　　煙台最大的困境在於缺乏鐵路以展延自己的腹地，煙濰鐵路一直留於討論，雖然興建了公路，然而在那個時代，公路究竟不敵鐵路有用。總之依舊難與青島匹敵，煙台逐漸褪去了上個世紀的榮景。

　　儘管如此，煙台髮網業不只頑強地存活下來，還一直居全國龍頭地位，超過上海。一次大戰前，煙台每日有數千工人忙於此業，由於當地出口到美國的髮網呈向上成長之勢：從 1915 年的 19,331美元、1916 年的 143,290 美元、1917 年的 282,909 美元逐漸攀升。

髮 網 市 況 (芝罘) 『十二月』

（一月七日附在芝罘府領事代理報告）

第一週（自十一月二十九日至十二月五日）市況殆ど無變化ニ重緣帽綱需要あるも品薄にて輸出商註文に應

するこ因難一重緣帽及緣取綱需要薄の爲目下市況堅實　第二週（自六日至十二日）在庫品薄供給源入荷不

順なるも需要薄の爲市況軟弱　第三週（自十三日至十九日）極めて小口取引あり在庫品豐富となれるも依然

需要薄の爲市況軟弱成行左の如し（二十日以降休會）

種　別　　價格（一哥磨西哥弗）

十一號綱（一重緣）　　　一・四〇

十二號綱（二重緣）　　　一・五〇

十三號綱（二重緣）　　　一・三〇

種　別　　價格（一哥磨西哥弗）

十　號綱（二重緣）　　　一・五〇

十二號綱（一重緣）　　　一・七〇

三十八號綱（一直緣）　　一・八〇

種　別　　價格（一哥殷西哥弗）

十二號綱（二重緣）　　　一・五〇

三十八號綱（一直緣）　　一・八〇

左：美國國會圖書館館藏照片，C.H. Graves 約攝於 1902 年，照片中，彌爾夫人正在教授一名失聰的啞童説話。

右：在髮網業盛時，日本外務省通商局編的《海外商報》，逐月報導當月四週的煙台商情。（1926 年 1 月 25 日，《海外商報》，頁 146）

1919 年是髮網的景氣年，每籮報價從 2.75 美元增至 3 美元，上海出口商甚至無法找到穩定貨源可簽約。煙台網業持續迄二次大戰前的 1936 年，此時該城擁有多達七十八間大小不等的髮網工廠；一個可能的理由是髮網輕盈，容易運輸，可以直接透過郵局寄出，比通過海關快速，很快便可抵達市場，所需郵費，爲豁免稅之三分之一，省時省費，所以煙台得以久控髮網業，不爲青島所奪。

下表正可說明這兩個港都在髮網業上的高下懸殊，而此表亦可顯示，1921 年的髮網業是如何日正當中。

**煙台與青島髮網出口**

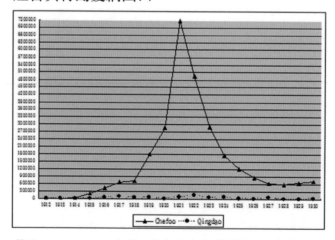

備註：1912～1930 年間，煙台與青島間髮網出口統計表，可以看出煙台的出口量每一年都比青島高。（單位：10萬海關兩）

## 也是「網」購

煙台生產的髮網約有四成是從郵局寄出的。1915 年，煙台郵局「當包裹郵寄者，其全年出口價值，約 20 萬兩，然經此業者之估計，則爲 50 萬兩。」（《關冊・十年報》，1915, Vol. 68, p. 469.）1933 年時，「據煙台郵局統計，每年寄出髮網常值二百萬兩以上。」（《膠濟鐵路經濟調查報告總編》，頁 33）。

雖非每一郵件都包著髮網，但由煙台包裹的增加，仍可窺探髮網業的繁榮，郵件及包裹數字也反應 1921 年的髮網業高峰：包裹量從 961 件（1901 年）、4,670 件（1902 年）、27,600 件（1911 年）、34,355 件（1921 年）、31,400 件（1922 年）、到 66,600 件（1931 年）；髮網也可能以信件方式寄出，信件量則從 58,432 件（1901 年）、522,757 件（1902 年）、5,000,000 件（1911 年）、5,069,100 件（1921 年）、1,930,000 件（1922 年）、到 2,810,500 件（1931 年）。這些數字暗藏另一個可能性，煙台髮網的生產年代可能比文獻所記載的 1908 或 1909 的更早，我從上述海關紀錄推測，可能 1902 年開始，因爲 1901～1902 一年之間郵件包裹的統計數字有個大彈跳。

## 流感疫情、搶網事件……
## 天災人禍紛沓

　　曾在一次大戰後的歐洲大流行的西班牙流感也在這時傳染到山東，並且深入山東內地，造成很多工人死亡，破壞髮網勞力。此疫全球約有一億至五千萬人死亡，臺灣約有二萬五千人病亡，中國農村喪葬用的白布一掃而空。1918 年 5 月 13 日，美國政府發出禁止髮網及花邊進口令，以免病菌也隨網傳入美國，因為這些髮網在離開中國並未消毒。

　　至於 1919 年的搶網事件更肇因於流感。當美國下令禁止進口髮網，北京農商部長很快知會外交部協助轉達美方，禁止髮網入口將使中、美兩方商人將同時受害：「製髮藥料以及花邊針等，多半購自美國，髮網花邊兩貨一行停頓，則此項藥料及花邊針隻，亦實有連帶關係，則是此項限制，不惟中國商人受其影響，即美國商人亦受妨害。」（中研院近史所檔案，03-18-017-06-002）

　　美國一旦關閉市場，山東就很緊張，因為髮網業果然立即受創。在後續幾個月中，期待解除禁令讓這個產業還保持些微的產量。等到確定美國市場封死、所有努力都停止，許多山東工人被迫另謀

生路，轉投其他行業；歐洲與澳洲市場早已不再是交易的要素。另一方面，如果山東工人停工，國際髮網市場也勢必大亂。

## 1919 年的網搶事件

當美國政府頒布入口禁令時，美國國內市場反而出現了一股強勁的需求力道，以至於讓美國進口商心理預期著進口限制也許即將鬆綁，仍舊拍電報到煙台訂貨，造成煙台出口商開始清庫存、搶現貨，所有能提供的髮網很快都被買光了，髮網價格開始上揚，這是1919 年的煙台市況。煙台的中國捌客及小中間商見狀，即利用機會哄抬價格以提高利潤，在得知煙台出口商已急覓所有髮網現貨時，即回報織工病死，勞力被流行感冒破壞，有些工人也轉行，以至於這個行業難以重組；但卻又留一手說，只要抬高售價即可起死回生，否則以現價內地仲介商是不肯接單的。聽到此說，煙台的出口商自然不敢冒然接受美國訂單，因為不知未來的成本何在，可是亟待出貨的訂單又已經堆積如山。

為了打破僵局，海關通知中國商業聯合會，強調煙台的海關給予髮網免稅，是為了工人的利益，而非為了髮網經紀人和出口商的利潤；海關威脅出口商，如果不立即採取措施終止目前的情況，海

關將請求北京當局再次對髮網實施加稅措施。

　　上述是中國政府及煙台本土仲介的反應，實際的情況是洋商在市場壓力下，直接找上農村生產者，破壞了原來的商業管道。1919年春天，一時在美銷售甚爲踴躍，美國市場因此大爲膨脹，美國商人求購者多。英、法兩國商人也很快來煙台搶購，於是煙台出現髮網短缺的現象，價格大漲。美國的求購者爭先恐後，只要有貨便下單，對於價格的高低根本在所不計。春間髮網每籮只售墨西哥銀2.2元，至年終竟漲至5元之多。聽說有些參與搶單的外商是新手，尤其是從上海來的買主，竟然破壞行情，直接切入中國內地主要生產區，亦即膠濟鐵路的沿線，出以高價，向網工收買髮網，且供髮續織，以致內地網工紛紛要求更高工資，並撕毀與煙台出口商的先前契約，將手中完工的髮網賣給了上海商人。

　　事實上，這些織網的頭髮煙台仲介商人提供的，並非工人本身的財產，工人們根本無權販售成品。及至交貨不成，原煙台的捐客大爲跳腳。華商看到這種緊急情況，相率廢棄原來的契約。價格不正常地三級跳，煙台出口商短期內還可從市場上以時價搶到一些現貨去應付出口，但很快就被迫打消了念頭，因爲他們發現與自己簽約公司也正在同一市場上與他們搶現貨。處在這樣一個棘手的情勢裡，出口商以「無可抗拒的理由」毀約，雙方最終走上法庭，對簿

公堂。

　　而對中國出口商另一個不利之處在於此時的銀價很高，出口利潤因此下降；而因爲中國髮網價格在美國市場中居高不下，法國製造的絲網在美國市場上的競爭力道因而大升。過去，髮網業雖然時有詐欺之舉，但還不至於深入到鄉間去利誘網工們毀約配合，而華商受到「薰染」也加入毀約以逐利，如此交易下自難確保出貨精良，不惟貨質遜於從前過半且羼雜劣品，運去美國的商品即遭退回山東，此等購網之美商可說自受其害，自食惡果，而整個過程，美國政府可說是這場禍端的始作俑者。

　　在此容筆者稍稍解釋，髮網的商業流程其實與捷克並無二致。座落在通商口岸的洋商無法直接與山東農民織工溝通，須憑藉中國的仲介掮客作爲橋樑，在保證人的保證之下，中國仲介從洋商處取得上色的人髮，與之制定期限與訂定契約，然後旅行於農村中發放頭髮給織工，指定尺寸規格，要求繳交成品的期限與數量，當其如期收回成品之後，再按程序交給洋商；仲介若是違約，一般規定，賠償價格的二成。收回的髮網通常交由鎭上的工廠進行檢核，合格的成品才由煙台的出口商轉銷到歐美各國。至於山東商人，雖無語言溝通問題，但也因爲區域太廣，必須仰賴仲介爲其鋪料取貨。

　　雖然發生這樣的插曲，1919 年這一回還是表現亮麗，全年髮

網出口價值關平銀 1,855 千兩，較去年增 100 萬兩，花邊業者都轉移而就髮網，1923 年，就連護士也跳槽。

## 從混亂中重新站起，建立品管制度

1919 年的搶網事件，讓中西商人被迫思考品管這個問題。正常情況下，約有一成數量的網是無用的，1919 年更多達三成是廢網。中國工藝長期以來最大的缺失正是品質良莠不齊。理論上產品出口前都作品檢，合格者順利出口，不合格者退件，事實上，即便是通過檢核的商品也不保證完全沒問題。而那些遭退件的劣質品還是有辦法在上海覓得一些非專業的出口商送銷美國。幾十個「朝生暮死」的髮網商存心只賺一票，收、售這類瑕疵品，早上開業，晚上收手，此舉無異是破壞了中國髮網業的信譽。

中、美商人開始檢討與改進髮網的檢核與包裝。如果能在完成每頂髮網前仔細檢核後才交貨，那麼此項產業的前途當會順利許多。髮網上架到市場之前，一般檢查至少兩次：一次由在中國出口商檢測，另一次則由在美國的進口商抽查。最重要的五個品檢標準是：（1）破損、（2）色度正確性、（3）尺寸、（4）髮質、（5）條紋色彩，抑或是否混合毛髮。在中國檢查一籃（144 個）網大約

是 5 分（墨銀），但那些出口商經常要價到 10 分或 15 分。

高價卻還不一定檢核出劣品，不完美的包裝卻又加重了傷害。在中國常用的包裝方式，一整籮共一百四十四個網全塞入一個扁包中，封口縫死，這類擠壓已然對髮網造成某些傷害了；到了美國之後為了再次檢查、並把一枚一枚髮網分裝入每一個紙袋內，當尖銳的剪刀打開這些包袋時不可免地傷及髮網，如此又造成了相當的損失。外商們認為，應該是在中國進行最後一次仔細檢查時將網用一張折疊襯紙保護，再把每張網放入個別的封套中，（也就是說，把裝袋的程序由美國移至山東），而不是用線將布包縫死，如此一來才能夠讓美國的進口商降低報廢的數量，透過中國便宜的人工來裝袋，也節省美方的人力成本；紙袋則由美國印製好送到中國，運費及郵資一定比所避開的成本損失低。最後所有紙包還必須放入木箱，由船公司運送。

山東檢查工人在發現破網時應加以修補，破網修好後還是可以出售，不必作廢，遑論修補破網不可能在美國進行，因為美國沒有這種技術工人。中國多加的第二道檢查必能提高良網的比例，加上前述的包裝方式，貨品運抵美國時，實可有超過九成的良率。若是美國進口商能再進行徹底的檢查，所售出的貨幾可達百分之百的完美。而美商提出的這些建議，最後都在山東落實了，當然，消毒的

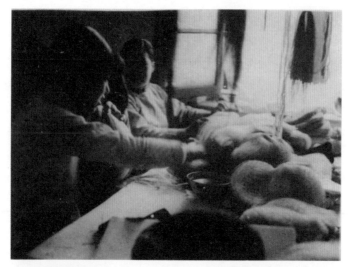

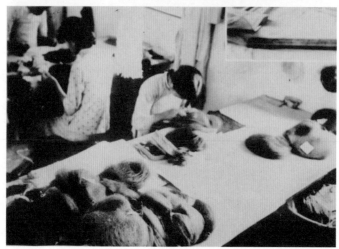

上：煙台髮網廠內的作業情況，從照片中我們可以看到一束一束的頭髮正懸在壁上。（中央研究院臺灣史研究所 提供）

下：煙台工廠內的女工正在補破網，或作出口前的最後修整。編網工作可在農家中進行，工廠內的工人只作修補並裝入油紙袋內。（中央研究院臺灣史研究所提供）

工作也做了，從本章一開始的那張廣告文案上所說，根茲博羅的髮網標榜是用消毒過的眞髮製成（見第三章章名頁）。

在中國，其實還另加一道「掛網」方式的檢查，也就是將補好的網用大頭針紮緊，釘在木板上，一只一只地檢驗，每十二只爲一打，用線界開，十二打爲一籮，用線紮好，貼上標記，再從木板上取下來。這道工序在於保證質量和信譽，掛網者都是專業可靠的工作者，一般不輕易更換，理論上工資應較高，論件計酬，但從德昌織網工資表來看，其實並沒有特別高。

檢查制度終在 1921 年建立起來。位在大城市或港都中的髮網廠最重要的工作是品檢及補網，這就像在捷克的 fabrikant 所做的一樣。每一頂髮網在煙台出口前都要做最後檢驗，一名工人每天工作十小時只能檢驗一籮。發現破損，檢查員也得耐心補破網。成千上百的年輕女子在工廠專門檢查髮網，儘管極爲謹愼，要求百分之百的完美，仍舊不免發現破裂的瑕疵品。

1921 年，髮網成績乃因此一檢查制度的落實而品質極佳，不但生產出較優良的網，檢查及修補的情況也令人滿意。這一年銷往美國的髮網多達 1,767,914 籮，價值 4,519,359 美元；而 1922 年銷美是 1,250,994 籮、3,319,322 美元。似可證明前項檢核制度是確有效果的。

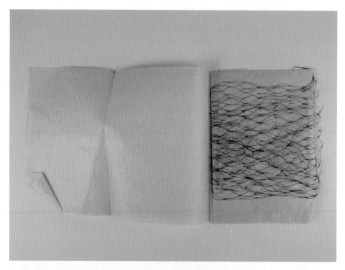

標準的包裝是每張網都要用折疊紙襯保護，再個別加上封套（下圖）。襯紙和封套從美國運到煙台，由煙台網廠女工分裝後，再成箱運到美國，在美國商場是一封套一封套出售。兩圖由美國國家歷史博物館（Smithsonian Institute）提供。

紮辮子間嗑牙

# 大旱又大水

近代山東，天災人禍不斷，1840 至 1949 年間，除 1882、
1895 兩年外，其餘 107 年，山東均有不同程度的旱災發生。
1876 年，以及 1927 至 1929 的連續三年，是山東最嚴重的
四個大旱之年。

1920 年的旱災也很嚴重，山東受災縣數達 54 個，受災人口
一千二百萬人，直隸受災縣數七十個，受災人口達九百萬，
該次災害且持續到 1921 年，而且當也同時伴隨著水災發生，
當水旱災交攻之際，直皖戰爭又在 1920 年爆發，中央與地
方財政雙雙告急之下，更增救荒的困難度。就在這樣背景
下，山東髮網外銷衝到前所未有的最高峰。

## 護士也跳槽？！

　　山東天災人禍背景下，加上傳教士推廣，手工業成為一種重要的社會救濟形式。除了編髮網，山東婦女也勤於編草帽辮、織花邊及絹紬，是為山東四大產業。從《申報》報導 1920 ～ 1921 年的髮網救荒，便可知端倪：

　　民國九年至十年之災荒，實亦不無為北方人拓其生計。蓋義賑人員，調查情形及設想種種方法，以濟貧民。初次即知有髮網一業，方遍布於山東，乃籌貸款項，於信實之商人，以為資本，在災區組織公司，促進其業；而他處公司在災區與賑災人員合作者，亦復不少。賑災委員既招得罹災望援之女子六十至七十五名，即可開一製網普通班。在女工方面，當然遠離家庭，無力供食，賑災委員則樂負此責。且公司籠致教習，可得免費；普通班卒業期限約一月，女子傳習時期，種種用費約大洋一元五角，尚得歸家為之，故一轉為生利之人。初習之時，雖不能多獲銅元，然身有銅元七枚，在饑荒之時即可以謀一飽，而災民對於此類家庭，實最樂為之，且無論水旱，均可習業。而歐美婦女，對於髮網有一日之需要，則女工終得度日之生活矣！

　　女子習之超速，而習熟者即以之教人，其地有工廠，以利其業，

一村有之，即推之他村。四年之前，保定曾組織一本地工廠，從事髮網業，自鄉招集女工七十五名，成一普通班，更由芝罘（即煙台）招雇技師，免費教授一月，惟須完全許售其製品於授業之工廠，而一卒業，即歸家傳授之於人。公司亦繼續開辦新班，派員分赴女工所在地，給以頭髮，而收完工之網，付其工資，女工初不過得銅元數枚，而較習他業，已勝一籌矣！

（《申報》，1924 年 2 月 10 日，第二、三張）。

1920 ～ 1921 年間的山東救荒分兩途徑：一是貸款鼓勵商人成立公司，在公司內傳授髮網編織之技術，現學現用；二是救災委員開班授徒，一個月後當學員習得技術返鄉後，便一邊傳授他人，一邊同時編網以謀得口糧。德國商人也參與青島救荒事業，在膠州城內建立髮網工場，給予孤苦無依的老幼女子工資，以工代賑。1921 年，相對於山東局勢的水深火熱，國際市場卻反而顯得景氣熱絡，故髮網銷售極佳，山東男女老幼難民賴以存活者以千萬計。

國際市場的擴張、檢查制度的落實，帶來順利出口，有助於現實問題的解除，於是在 1922 年的高峰之際，連花邊業女工都轉做髮網了，不僅如此，1923 年煙台的廟山醫院護士竟跟著跳槽，女性的職員也忽然不見了，原來女性護士與員工都爭先搶著去編網，其職缺只好由男性來取代，山東富貴人家想僱用奶媽都困難。

# 髮網究竟賣到哪兒去了？

　　由於資料有限，我從 1923 ～ 1931 年的海關資料中抽出有關髮網的輸出數據，可以看出美國、英國、德國、法國及加拿大是五個最大的髮網消費國（見下圖），五國經常達到 90% 的比例，最上一條曲線是美國的消費線。下圖可以說明，1923 年後榮景不再。

**五強消費國**

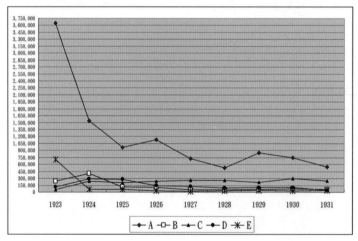

備註：A：美國；B：英國；C：德國；D：法國；E：加拿大

## 美國從煙台進口髮網金額

| 年份 | 貿易額（美元） |
|---|---|
| 1914 | 719 |
| 1915 | 無 |
| 1916（1～3月） | 25,612 |
| 1917（1～3月） | 67,784 |
| 1918 | 無 |
| 1919 | 1,661,888 |
| 1920 | 2,329,492 |
| 1921 | 4,519,359 |
| 1922 | 3,319,322 |
| 1923（1～6月） | 461,399 |
| 1924 | 84,410 |
| 1925 | 19,653 |
| 1926 | 8,234 |
| 1927 | 2,157 |
| 1928 | 8,180 |
| 1929 | 10,089 |
| 1930 | 12,769 |

這個不起眼的產業同樣可以證明美國的龍頭地位。

一次世界大戰前後，美國已主導世界貿易，其影響力遠遠超過英、法、德等歐洲國家。比較 1914 年，美國只進口 219 籮、價值 719 美元來看，至 1921 年時，美國進口中國髮網已經高達 450 萬美元、170 餘萬籮，可見美國市場膨脹之迅速，而這也可能與猶太人的推廣有關。另一個可能的原因是美國直接從山東進口，無須再繞道歐洲，也許進口、消費數字並未增加太多。

## 局勢不穩，髮網業的二十年起伏

煙台護士的跳槽時機不對，因為 1923 年歐洲經濟不景氣，此年 1 月發生十萬法國及比利時軍占領德國魯爾區的事件（1923 年 1 月 11 日～ 1925 年 8 月 25 日）。戰敗的德國被判負戰罪，必須賠款給戰勝國，但賠款幾是天文數字，第一期賠款後德國國庫告罄，付不出賠款，法、比軍隊就占領德國重工業魯爾區生產，以補償拖欠的賠款。德國政府因而呼籲魯爾區的德國工人、職員怠工，包括鐵路、銀行、礦區及工廠都因此而停止運轉，德國政府支付工人停工期間的薪水，這讓德國財政惡化，同時也引發法國遭受嚴重的損失，法郎為此貶值了四分之一。當時德、法均為髮網消費國，

此一情況自然立刻波及山東髮網的出口，這一年煙台髮網掮客有一百九十餘家收攤而僅剩一百不到，幾乎有一半關門大吉；檢查髮網的工人由四千人降到四百人；此年修繕髮網工人在職者僅當一年半前的30%，也就是有七成工人是失業的。

1923年國際局勢的緊張，固然造成髮網市場的緊縮的原因之一，但另一個可能原因是妹妹頭（Bob cut）的短髮成為一種流行，妹妹頭約出現於一次世界大戰前，雖是短髮還是有女性願意包髮網，但短髮對髮網的需求的確產生影響，據說1923年妹妹頭普及，造成中國有四萬名髮工因此失業。

之前景氣大好時，大量的工人離鄉背井地來到煙台從事髮網工作，如今因為不景氣而被迫再重回農村下田，或賦閒在家待職者以數千計，其人數遠多於當年來煙台的人數。他們重回鄉里，每月所得不過2、3元，而昔日在髮網業界工作每月可得8元、10元或12元不等，甚至還有更高的，且多數工廠供給膳宿，而今回復舊時生活，實不能堪。1923年6月，煙台海關緊急施以免稅救濟，企圖提振此一行業。

即便如此，髮網仍有其市場，因為也出現新的需要。1914年，美國市場大躍進，里昂的髮網商紛派商務代表前往美國業務考察，並親訪東岸的紐約乃至於西岸的舊金山，發現髮網受到勞工階級與

## 紮辮子閒嗑牙

## 妹妹頭

一次世界大戰後的女人不光只是工作，也愛好運動。1920
年代，婦女間出現一種短髮髮型的時尚，中文稱妹妹頭（bob
cut）。旁分或者不分、後髮長不到襯衫領，側髮貼近耳下，
瀏海長不及眉毛。這代表了新時代女性拒絕傳統的角色，
她們進入職場，參加運動，而這也是女性開始有投票權的時
代，新的髮型正好反映女性的新角色。這種髮型很快地越過
西方而傳至東方，中國及臺灣的老照片中屢屢可發現此種髮
型。並不是短髮就用不著髮網，女士們在工作或運動時還是
有戴網需要。

摩托車騎士的青睞，故而需求攀升，女性工廠勞工為了安全，是髮網的最大消費者，他們戴網是為了安全及需要，不是為了趕流行；在還未有安全帽的時代，騎摩托車的女士們也必須將頭髮網住，以免紛飛散亂；美國的護士、餐廳的女服務生為了衛生的理由而戴起了髮網，另一個新流行的社會現象運動，女性到球場打球也需要網帽。二十世紀的髮網史配合著女性地位的抬頭，也與一戰後女性開始大量進入職場有關。

從髮網的銷路來看，在西歐是有錢太太為主要顧客，在美國則是勞工消費者增加，需求自然比歐洲增加許多，由此看來，美國的消費市場的確主導了世界生產的趨勢。其實早在歐戰前即已形成，而市場的擴大原因之一是勞工階級也使用中產階級的消費品，商品的價格也下滑，工人薪資提高，消費能力變強，全世界人口增加……，我們可以這麼說，髮網的暢銷確實也是資本主義擴張下的一環。

1924～1925年這兩年的日子也不好過，煙台髮網出口美國也是持續下降，單價亦迅速下滑，1924年是1923年的六、七成。1926年情況更慘，煙台的出口量幾乎只達1925年的一半，但中國的總出口量卻比上年多二十餘萬籮。直到1927年冬，春燕飛出，這時，煙台驟然接到了漂亮的訂單，但庫存已盡，供不應求。

1942 年 8 月德州海軍空軍基地（Texas Naval Air Base）內的女性員工，戴著髮網
工作。Evelyn 及 Lillian Buxkeurple 是一對姊妹花，她們接受政府徵召離開農莊，
支援二戰武器生產，受訓八週後可成為基地修理裝配技工，圖中她們正在裝置一
枚彈殼。本來兵工廠是男工的天下，戰爭擴大女性的就業可能性。創作者不詳，
照片出處羅斯福總統圖書館暨博物館（Franklin D. Roosevelt Presidential Library
and Museum）

左：美國國會圖書館館藏照片，照片中一名女性工作者正在上鉚釘，也是為了二戰武器供應。拍攝時間 1942 年 8 月，攝影師為 Howard R. Hollem。

右：美國國會圖書館典藏照片，照片中一名女性工作者在道格拉斯飛機公司工作（1942 年 8 月），攝影師為 Howard R. Hollem

　　1929 年 10 月 29 日黑色星期二，美國出現經濟大恐慌，華爾街股票大跌，第二年有 1,345 家銀行破產，一千五百萬人失業。這個浪潮當然也襲捲了歐洲，令德、奧受禍慘痛。這兩國是戰敗國家，特別是德國，靠著美國的財政援助才得以支撐對英、法的賠款，如今美國自顧不暇，抽回了金援。但髮網業卻還能持續地發展：「髮網工業，昔曾極一時繁盛，嗣因不合時尚，稍形衰落，近復有逐漸恢復舊觀之望。」（《關冊》, 1929, Vol.106, p.15.）而此恢復舊觀，

美國國會圖書館典藏照片，拍攝時間 1942 年 10 月，攝影師為 Alfred T. Palmer（1906 ～ 1993 年）

且持續上揚到 1930 年，似乎不太受到大恐慌的影響。有一解釋，時代又回到流行長髮，大概那個時代不喜長髮飄飄，雖是長髮還是要以網裹髮，所以髮網的販售又有些揚起之跡象。

　　1931 年終於顯現出大恐慌的後續影響威力，山東髮網下滑。一般說來，這一次經濟大蕭條持續到二戰，是二戰解決這個經濟問題。1933 年希特勒上台，他解決了德國大規模失業。從 1931 ～ 1935 年煙台的髮網出口呈現疲軟，1936、1937 兩年髮網出口差強人意。1939 年 9 月 1 日德軍入侵波蘭，二戰在歐洲爆發，沒料這一年煙台髮網出口有一彈跳 80 萬籮，但這是最後榮景，1940 年日本占領山東，產地及消費地同披戰禍，沒想到山東髮網仍舊能夠持續出口迄達 1943 年。只是數量由 1939 年的 80 萬籮、下滑到 37 萬籮、26 萬籮及 2 萬籮。所以靠著沒有戰禍的加拿大及美國，髮網業得以維持不墜，但因爲山東出口減少，造成了美國市價大漲，每籮竟漲至 9 元美金以上。迄至 1943 年，還有髮網的消息傳出說「頭髮網值聯準卷十萬元。」（《觀冊》1943 年 , Vol.145, p. 600.）

　　髮網業傳入山東之後，雖然中國髮網成爲市場主流，但也起起伏伏，隨著經濟情況及流行而起伏，並非一帆風順。無論如何，這項產業一直持續到冷戰時期，產業壽命在中國比在捷克的時間長。

## 煙台洋商與猶太商

　　一戰前煙台的洋人約有五百人，洋行約有十五家，其中從事髮網業的洋行不少：包括英國的敦和洋行（Railton & Co. Ltd. H. E. 此洋行從曼徹斯特來）、仁德洋行（James McMullan & Co. Ltd.,）和匯昌（Casey & Co.）三大英商壟斷英國市場。此外希臘永興洋行（Paradissis Freres Et Cie.）、美商遠東洋行（the Rieser Company, Inc.）以及俄國的士美洋行（L. H. Smith & Co.）都靠此業獲利甚多。

　　士美也是華俄道勝銀行（Russo-Chinese Bank）在煙台的代理商，同時經營船運，往來於海參崴及煙台之間，煙台髮網的匯兌由俄國銀行主導，而不是由老牌的匯豐銀行來掌控，這是很奇怪的現象，可以想見士美洋行可從出口髮網及匯兌兩項業務中獲利。

　　仁德洋行是一個把傳教與商業成功結合的好例子。

　　馬茂蘭（James McMullan, 1860～1916年）是愛爾蘭「中國內地會」傳教士，他在1880年來到煙台，1893年設立公司，其夫人（Lily McMullan, 1866～1925）還設立培眞女校，收容貧苦無依的女孩入學，她們改信基督教，學習手工藝，他們所生產的花邊在國外得以享受免稅優惠。其中大約三十名小學生是寄宿生，學校規定入學前必須放足，不可裹小腳。

美國國會圖書館館藏照片，照片場景為煙台女子學校，女學生們均裹腳上學，C. H. Graves（1867-1943）約攝於 1902 年。

　　夫妻倆成功地將商業與傳教、教育、濟貧結合起來。1916 年馬茂蘭去世，長子大馬茂蘭（Robert McMullan, 1889 ～ 1940 年）繼承父業，他本人是中國通，這對公司業務非常重要。在 1920 年代時，仁德洋行成為煙台最大之洋商，在香港及上海設立分店，其工廠有五個部門：繭綢、髮網、花邊、進出口及印刷，同時也刊行《芝罘日報》。

　　1920 年代，仁德洋行大賺髮網錢，將各地蒐來的頭髮集中於煙台，由「東興染髮庄」染成各種顏色，再把上色的頭髮分配至內地編網，據說光是髮網一年的營業額可達 800 萬元之鉅。很可惜戰爭重挫了商業，而大馬茂蘭也於 1940 年遇害，日本人以「向路透社洩漏日軍戰敗的軍情」之罪名將他殺害，而他本人因為身兼路透社兼任記者的身分，當然很容易被日本人栽贓的。

　　髮網業與猶太人有密切關係。煙台美國遠東洋行（The Rieser Company, Inc.）正是一個猶太公司，總部設於紐約，擁有維尼達（Venida）品牌的髮網。煙台遠東洋行成立於 1920 年，創辦人 Strasser 也是猶太人，其麾下的華人經理孫溥泉，此公司最初只經營髮網一項產品，後來也生產其他手工藝品。它的優勢是擁有自己的染髮工廠，可以漂白及染色，品質超越其他公司。遠東洋行最初無法說服紐約的百貨公司銷售該洋行的髮網，洋行只好轉到藥店販

MR. JAMES McMULLAN.

MRS. J. McMULLAN.

上：馬茂蘭夫妻照片。（資料來源：Robert Coventry Forsyth, *Shantung:The Sacred Province of China*, p. 278.

下：美國國會圖書館館藏照片，筆者判斷這也許就是培真女校，照片中的女孩正在做花邊。C.H. Graves 約攝於 1902 年。

賣維尼達髮網，之後幾家藥品的連鎖商店也願意代售，由於銷路好，遠東洋行的髮網才有機會登入百貨公司，在那兒受到婦女們垂青而經常光顧。而這家公司在冷戰時期轉向由臺灣進口髮網。

德商尼戈曼（Wilhelm Niggemann）和敖苟斯特波（August Boerter）於 1913 年展開他們的髮網業。雖然他們也把髮網出口到歐洲，但美國則是更重要的市場。在美國一個叫作（猶太）金寶兄弟百貨公司所出售的「金寶」髮網，正是由敖苟斯特波在山東所代工的。一戰時，中國最初採中立，在 1917 年 3 月與德斷交，8 月 14 日對德、奧宣戰，加入英美協約國陣營，中國境內德奧居民遂成為「敵國人士」，德籍的敖苟斯特波並沒有因此而結束事業。敖苟斯特波擔心事業受阻，乃於 6 月 4 日向山東省會警察廳兼檢查分所宋德玉陳情，希望取得「一執照，以便敝行之人，如常赴他處購辦頭髮及髮網等物備用，而解困商之弊。」（中研院近史所檔案，03-36-020-01-026）

敖苟斯特波在 1918 年時要求中國政府同意他的洋行繼續經營，雖然他是德國人，但業務仍然蒸蒸日上，似乎不受戰爭影響，看來他和美國市場的聯繫緊密；另一方面也說明猶太商人的國際性，他們很容易突破國界的限制串連起來。戰後，敖苟斯特波享受到髮網業 1921 年的高峰，並且順勢於 1922 年將自己的髮網事業推升至

維尼達的髮網大部分都在煙台遠東洋行製作的，圖片所示就是一種雙扣網。照片由美國國家歷史博物館（Smithsonian Institute）提供。

頂點，在濟南、青島、威海及河南鄭州都設有分行，被譽為「髮網王」。然好景不長，敖苟斯特波的公司最終還是在 1932 年結束，但與他一起創業的尼戈曼早在 1922 年開展他自己的萬豐洋行（W. Niggemann & Co.）。萬豐雖以髮網起家，但尼戈曼採多角經營，其中最成功的營業項目是花生。除了出口，萬豐也代理船務，其在煙台的大樓標幟著它的重要性。萬豐的觸角伸進威海及大連，在那兒設立分公司，大連分公司正是成立於世界經濟大恐慌後的 1931 年。

此處特別提一下，萬豐洋行是當時少數幾個洋行中，不須雇用中國買辦的業者。

道學洋行（C. Dau & Co.）成立於經濟大恐慌的 1929 年，是另一個重要的煙台德商，投資者是德國人卡爾‧道（Carl Dau）、煙台人約瑟‧范華敦（Joseph Van Hauten）、濟南人克魯格（A. Kreuger）和洛奇德（W.E. Lochte）（道學洋行四位合伙人中的後三位是中國人，但可能因為信仰基督教的關係，所以都取了外國名字）。卡爾‧道絕大部分時間留在濰縣，范華敦先生主要活動於壽光。幾乎在網業興起之初，道學洋行便開始投資，在內地各編織點協助訓練數千名的髮網編織人員。道學洋行除髮網生意之外，還代辦保險、航運、花邊，在濟南設有分行。

道學洋行及萬豐洋行直到二戰前都還存在。

## 百貨公司—全新的行銷手法

　　把各式各樣商品集中在一個空間，方便買家一次購足，這是一種新式的行銷方式，涉及到建築、廣告、服務（包裝、送貨）、會計財務的全面整合，也推動流行，促銷商品。它必須出現在都會時代，有足夠消費人口，也有足夠交通及電力設施。

　　一般認為巴黎的 Bon Marché 是世界第一家百貨公司，1832 年時它還只是一家十二名員工的小商店，在成立百貨公司後（1852），它年收入因三級跳：1852 年的 50 萬法朗、1860 年的 5 百萬法朗、1870 年的 2 億法朗、1877 年的 7.2 億法朗，最主因是百貨公司可以大批進貨殺價，也可以較低價售出，把中盤商的利潤回饋顧客，可以想見這樣的利潤吸引大量新百貨公司成立，知名建築師艾菲爾（即是有名的鐵塔工程師艾菲爾）更為之更新建築設計。美國鉅商 John Wanamaker（1838～1922 年）參與百貨業時，開始把價格標示在商品上，還把百貨業加上連鎖商店的經營概念，由中央本部標準化與統一指揮，因此也推動了流行全球化。而 Harry Gordon Selfridge（1858～1947 年）於 1852 年從美國芝加哥起家，他大膽

東進倫敦牛津街，這棟建築有如古代宮殿，希臘柱子之後升起一面玻璃牆。這裡成為倫敦人聚會點，女士共進午餐的好選擇。不只如此，他的百貨公司也經常成為電影的場景，其中知名演員卓別林在此完成喜劇《百貨公司巡視員》（1916 年）。而他的名言我們至今仍沿用：「顧客永遠是對的」。

金寶百貨公司 1910 年於美國費城的外觀，照片由發行商 Detroit Publishing Co. 於 1900～1910 年間發表。

# 美國金寶百貨公司

「金寶兄弟百貨公司」創立於 1887 年，結束於 1987 年，正好歷經一個世紀。它是由來自巴伐利亞的一位年輕猶太人 Adam Gimbel（1817～1896 年）所建立。1835 年，年方十八歲的金寶從德國貧困農村甫到美國紐奧爾良（New Orleans），他先當碼頭工人，之後揹起商品沿著密西西比河徒步進入印地安區跑單幫，把貨品賣給印地安人、拓荒農民及獵人，可說是典型的猶太走路小販。1842 年，他終於安定下來並成功創業，共有十五個子孫投入其業，1887 年，他以七十歲高齡成立金寶百貨公司，成功建立自己的百貨帝國：1910 年紐約曼哈頓店開張，1922 年上市，1924 年與紐約第五大道薩克斯百貨合併。

金寶百貨成長快速，不僅曾是美國最大百貨公司連鎖店，擁有三十六家分店，也一度榮登是世界上規模最大的百貨公司，成為梅西（Macy）百貨公司的勁敵。它習慣採取一些革命性行銷手法，包括標榜誠實、公開訂價、顧客至上、童叟同價。他本人更有一句名言：「除非客戶滿意，否則我們永不滿意。」

　　女性在百貨公司內活力十足，置身宛如宮殿的空間內，恍如貴族，滿足她們的 window shopping，消磨時間，百貨公司也搭配女性品味及購買力，推出流行商品及女性商品。提供目錄、送貨到家，有折扣戰、週年慶、特賣會、展覽。同時中產階級的消費品也變得普及，特別是飲料，勞工階級也得以享受。海運交通的便利，全世界商品都可能在任何大都會的百貨公司出現，這樣的購物空間即便共產主義社會也難抵抗其吸引力。蘇聯把教堂變博物館，並沒有廢除百貨公司。

　　在二十一世紀，百貨公司恐怕將日趨式微，受到購物中心（shopping mall）及暢貨中心（outlet）的威脅，加上郵購的流行，不知人們還能在其間逛多久。

# 傑出的中國商行──億中＆信豐

　　煙台最有名的中國髮網商行是「億中公司（Chefoo Hair Net Co.）」，建於 1914 年，從它的公司英文名稱便可測知它是靠髮網起家的，後來又增加了花邊和繭綢，之後再增加了刺繡、手帕等手工項目。公司董事會由六名煙台著名商人組成──共有輪船公司經理黃紹武，錢莊經理王連清，還有技術人員王敬五（亦名王啓典，前文已提及），他也是煙台髮業公司經理。

　　孫伯峨以他的背景，成爲推動煙台第一批染髮的先鋒。染髮專家孫伯峨，在此應特別介紹，他被公認爲煙台編織髮網漂染人髮的第一人。孫伯峨受過相當完整的西式教育，直到大學畢業。初就讀於益文學校，後來求學於濟南齊魯大學。畢業後他先教書，執教於益文學校，專長爲化學和數學。以此化學專業基礎，他加入億中的創業，負責染髮的工作。

　　億中公司一直營業到 1949 年。三十年代它曾於柏林與開羅設銷貨處（孫紹光、孫仲億等），澳洲（趙約翰、宗國瑞）及上海分行（杜忠臣、孫國策），是煙台少數能直接同外國做生意的中國公

司之一。柏林分銷處在希特勒時代結束，澳洲分行在珍珠港事變後結束，總公司也遷西安，在寶雞變成紡紗廠，二次大戰後復員，並設青島分公司。億中可說是間接被希特勒迫害，雖然不是領導人被送入集中營；熬過了二戰，億中卻熬不過國共內戰，億中青島分公司最後在 1949 年結束。

　　信豐公司（Shantung Silk & Lace Co. Ltd.）由李虹軒（H.T. Lee, 1885～1936）在 1908 年所創建，不同於億中公司，它並非一開始就藉由髮網累積其資金，而是靠其它手工業，如花邊、刺繡及草帽辮，髮網是後來才開發的生產線。它較晚發展，但很快就伸入世界市場，1914 年開始供應紐約及倫敦等地大公司的髮網。1930年代，它已擁有四座工廠、一千名工人，同樣地，工廠工人只從事品檢及裝箱業務。1921 年，信豐公司成為美國芝加哥西方公司（Western Company）唯一定點的代理商，專門製造和提供根茲博羅（Gainsborough）牌髮網，產品暢銷於美國和加拿大。它在上海、北京、天津、阿根廷的布宜諾斯艾利斯都有設分公司，在世界各地均派駐業務代表。而公司之所以能夠在海外廣伸觸角，與其任用一名僑商有關。經理吳覃臣（James Woo）出生於夏威夷的傳統華僑家庭，1913 年開始擔任信豐公司的出口經理，在他的領導下，海外出口迅速增長。他推動了大量農戶家庭參與手工業，促使山東融入

世界的大市場。

　　基督教也應在山東經濟發展上記上一筆，傳教士不只在山東手工藝推廣有其貢獻，在農業改良也有功勞，引進改良的花生、葡萄及蘋果等水果品種，成爲當時也仍是現在山東的重要經濟作物。很多髮網業的商人及經理多爲基督徒，如曲拯民本人即是，又如下文將介紹的宋傳典，在父代（宋光旭）即信仰基督教，宋傳典本人畢業於浸信會教會學校，他的髮網莊是以教友爲基礎而在往後擴充的，益都的德昌髮莊也是繼承浸信會庫牧師而來。又如前述仁德洋行的馬茂蘭，他原先是一名愛爾蘭傳教士，最後轉換成商人，於1893年開始販售山東的各類手工業產品。不管在宗教事業或商業上，他們都經營得很成功，也將本身的濟貧動機和工業生產作了完美結合。

　　1933年，中國政府決定「廢兩改元」，並在1935年發行紙鈔取代了通行數百年的銀兩。但這個新貨幣卻在1936年春天就慘遭貶值，髮網工人拒絕收受已貶值的紙幣薪水，要求恢復銅幣，改善勞動條件，可以上班喝水，縮短工時等。他們群聚在煙台的教堂前，等待做完禮拜的髮網老闆（其間有卡爾道和孫伯峩）出現後即大肆抗議。大部分煙台髮網工都參加了此次的抗議活動，最後，工人們獲得老闆們的允諾。這起事件顯示了基督教與髮網的關係：老闆們

在同一間教堂作禮拜，可能同時也在教堂內交換情報、討論問題；諷刺的是，抗議活動是由基督教會煙台夜校中的共黨分子所發起的。

在此必須強調，當時的山東商人的國際性，信豐、億中、髮業公司及豐順祥有能力在國外開設分銷處。一次大戰後，中歐經濟大幅萎縮，中國努力朝澳洲及荷蘭開發新市場回補。髮網公司派遣推銷員到國外設莊、佈樁，在新興市場的澳洲約有四十人、在荷蘭約有二十人。有能力去澳洲開發分行的公司至少包含了億中公司、裕生號、寰海商行、文泰商行、裕興號、源成興、南海商行及德和湧等，部分山東的公司已是真正的國際貿易公司。至於煙台，1939年時約有三十一家髮網廠，其中十七家最具規模者如右表所示。

## 1939 年煙台的萬元戶髮網廠

| 商號 | 代表人 | 資本額（元） | 地址 |
|---|---|---|---|
| 信豐公司 | 吳覃臣 | 150,000 | 海岸街 |
| 久成洽商行 | 曹炳堯 | 50,400 | 滋大路 |
| 億中公司 | 孫伯峨 | 50,000 | 璋玉路 |
| 寶豐商行 | 何選齋 | 50,000 | 滋大路 |
| 鴻泰行 | 宮鴻勛 | 42,000 | 南山路 |
| 友聯商行 | 李樂田 | 42,000 | 大馬路 |
| 新陸商行 | 張寬五 | 40,000 | 廣仁路 |
| 通隆商號（萬福隆？） | 劉子惠 | 25,000 | 大馬路 |
| 德豐號 | 林芳亭 | 25,000 | 璋玉路 |
| 恒祥號 | 曲欽俊 | 20,000 | 二馬路 |
| 謙信德 | 毛振德 | 19,000 | 璋玉路 |
| 興業號 | 唐澤東 | 19,000 | 璋玉路 |
| 頤大號 | 戰世之 | 16,000 | 大馬路 |
| 髮業商行 | 王敬五 | 15,000 | 大馬路 |
| 海興號 | 蕭星海 | 12,000 | 大馬路 |
| 德泰公司 | 戚梅五 | 11,000 | 大馬路 |
| 茂興商行 | 吳吉甫 | 10,000 | 大馬路 |

## 濟南的成就──宋傳典與刁峻霄

　　濟南的髮網業，至少在 1909 年即已成立，十年後擴張到章邱、鄒平、齊河等地。據聞，濟南的髮網也是由一家德國商行始肇其端，此商行名之為泰隆洋行。一次大戰後，濟南的髮網業就已經轉到英商之手。1924 年前後的濟南城，中西商人投資 1,100 萬墨西哥銀於該產業，工廠雇用女工多達五千七百人（她們只做檢查及修補工作），年生產量是 140 萬籮。根據山東省政府實業廳的調查，截至 1931 年為止，濟南至少已有五家製造廠，包括：太隆髮網廠、德昌工廠、達隆髮網工廠、裕華髮網廠及振業髮網工廠。達隆成立於 1923 年，是中、美合資、員工多達 282 人的工廠。該廠每日可出產 140 籮的頭髮，工人皆係貧苦之女工，文盲居多，每日工作九小時，年終有 1 元獎金，無其他紅利，生活尚足以維持。裕華髮網廠成立於 1929 年，無外資，員工有 177 人，每日產出髮網 180 籮，專銷美國。振業髮網工廠是由北京來的商人所開設的工廠，員工 88 人，日產 80 籮，由於資本薄弱，不過 2,000 元，所以很難與同業競爭。

　　設在濟南商埠小緯六路的德昌工廠，成立於 1919 年，為曾任

山東省議會議長宋傳典所創辦，獨資營業，在濟南創業前他已先在益都文廟口街（即青州）設廠（1917年），稱爲「德昌永髮網莊」，這個髮網莊彷彿他的一個試驗，髮網之外也經營地毯，此時有能力直接對外出口，經營得相當成功。益都網業在宋傳典移往濟南後仍持續成長，1930年代約有一萬五千個家庭左右參與生產，年產髮網十萬捆，約值25萬元，大都先運往濟南再轉銷他處，因此我們可以明白宋把髮網重心轉到濟南的原因。

1919年宋到濟南設廠，在萬壽宮街，並改稱「德昌洋行」，業務規模擴大，廠內員工有二千餘名，廠外受控管的編髮工則多達十萬。染髮原料最初仰賴進口，後改用國內貨源，利潤更厚。

1923年，宋傳典由商界投入政壇，據說以28萬元賄選山東省議會長，並在1926年第二次直奉戰役後迎張宗昌入山東；北伐成功後，民國政府以「附逆」之名通緝了宋傳典，他只好潛逃上海，德昌洋行也遭查封。1930年特赦，取得特赦之理由一說是兒子宋斐卿活動山東省主席韓復榘後取消通緝令，另一說是在王正廷及余日章（上海基督教青年會全國協會總幹事）關說下，通緝解除，宋接獲消息後竟然中風而死。1930年，山東省政府發還其物業時已毀損不堪，濟南的德昌工廠屢次遭駐兵，機械多不齊全，亟待整頓。宋傳典既已病死於上海，故由其子宋斐卿掌舵。我花那麼多篇幅介紹宋

傳典是企圖以此案例說明，在沒有重商傳統的中國，優秀商人很容易折損，也要說明當商人被迫商而優則仕時，投資風險是很大的，很可能最終保不住自己的產業，雖然他當官從政的目的是為了保住財產。

欲重振祖業的宋斐卿在1931年覓得趙子貞、凌符五等人投資，產業由獨資改成合資，每人資本5千元，仍從髮網入手；職員十四人、男工十名、女工六十名，這與先前的二千人規模不能相比，但宋斐卿從技術下工夫，1934年隨即獲得中央實業部頒「第三類獎」，得獎的理由在於漂白與染色的技巧非常成功。宋斐卿的第三類獎是由山東益都地方政府為之請領的，目的在於表揚與獎勵宋斐卿繁榮鄉梓之功，看來宋家在益都的髮網業仍然持續於第二代。德昌的染髮技術得力於一名來自青州的工程師段長亭，每日可漂染的頭髮成品約有18公斤。至於原料頭髮也是購自河南省，由其本身漂染後，再外發工人編網，然後再予以匯齊而寄往美國銷售。

宋斐卿在天津擁有東亞毛紡公司，經營相當成功，其名下「抵羊」（暗示「抵制洋貨」）毛線曾大量銷售於天津的沿海市場，也就是說他把重心從髮網轉移到了毛紡織業，重鎮也從濟南轉到天津。從這個小故事也可略窺租界在清末、民國時期的角色，租界是相對政治、經濟都安全的地區。宋斐卿在1950年時前往香港再轉

雖欲抵制洋貨，很諷刺的是，宋斐卿選擇住進天津英租界，因為安全，政治干預較少。這棟豪宅足以顯示宋斐卿的事業成功。此圖為宋斐卿天津故居。（李今芸攝影，2019年）

紮辮子閒嗑牙

## 德昌洋行的童工

德昌髮網庄使用很多童工，每天早上六點起床，睡的是上下兩層吊舖。六點半上班，七點半下班吃早飯；八點上班，九點半休息十五分鐘上廁所，九點三刻上班至十二點，上班時間未得工頭許可，不准隨便上廁所，午飯半點鐘後上班，至三點休息一刻鐘，然後再上班到六點吃晚飯，晚上六點半上班至九點半下班，十點息燈睡覺，每天工作十四個小時。（錄自天津社會科學院歷史研究所，《天津歷史資料》，1983：20，頁5。）

赴阿根廷，最後死於南美，這又是另一個悲劇。

刁峻霄是天津人，在法、漢學校習得法語，曾在天津義大利使館當翻譯，由是認識義大利理髮師門戛（Menga），1909年兩人合夥經營髮網出口事業，成立門戛洋行（Menga & Co.）。刁峻霄負責蒐購中國頭髮，運到國外染色後，再運回山東編網。洋行雖設於天津，但編網都在山東青州、昌樂、濰縣、高密等地進行。其後，門戛洋行日漸控制了染色技術，於是改在中國染色，降低成本。門戛死後，刁峻霄轉到濟南的美國慎昌洋行，擔任髮網部的買辦。

同時，他也在濟南自設染髮廠，為其他髮網廠染色，在此基礎上，刁峻霄終能於1920年自立門戶，創設「德記髮網莊」，由於具有質量上的優勢，故而威脅到宋斐卿的德昌生意，德昌或許因此而將經營主力轉移到洋毛毛線，公司也以天津為重心。德記在濟南有壟斷之勢，一時之霸主，前面提到濟南髮網始祖的德商泰隆及本土商達隆都宣布退下。據說到1930年代德記擁有房產千餘戶，直到天津被共軍占領之時，德記才宣告結束，其經營歷史前後達四十年。

我們不得不承認，在那個時代，髮網確實是一個理想的創業選項，因為需求資金不高，技術也不特別困難，更毋需昂貴的設備，傳聞仁德洋行創設之時，本金不過1～2萬墨西哥銀元，但兩、三年間即可獲利至十數萬銀元，從億中公司1916年的決算獲益4萬

銀元來看，不難得知髮網業是個容易獲利的行業。又如壽光縣的德興東髮網工廠，建於 1928 年，雇用女工四十名，第一年虧損 1,800 元，但 1929 年即盈餘 2,400 元，1930 年盈餘 1 千元。順帶一提壽光縣稻田鎮，自民國初年到七七事變，鎮上的中年婦女、少女，甚至老嫗或不上學上工的男性青年，盡皆日夜趕忙著投入編織髮網，有半數家庭可以藉此解決開支的困境。

## 周村的絲網

比較有趣的是有關髮網材料的演進。

早先之所以會使用人髮編網，是爲了取代成本高昂的蠶絲，然而山東盛產柞（野）蠶絲，於是這時候（約 1930 年代）在齊河又開始製造起絲網了，只見「邑東北桑梓店地方，各村婦女取蠶絲織之爲女髮網，暢銷於濟南、上海等處。」（《（民國）齊河縣志》，卷 17，頁 398）

在此必須一提的是，就在山東髮網業展開之時，周村的絲業有一現代化的進步：周村蠶絲業在 1911 年後陸續建了四個現代化的繅絲廠，都擁有從國外進口的繅絲機，使用鍋爐爲動力──裕厚堂（1911 年裕厚堂添設義大利繅絲機一百臺、國產臥式三節鍋爐一

部、小型煤油發電機一臺）、恒興德（1912、1925 年開始用義大利繅絲機）、同豐（1919 年）及元豐（1924 年）；1920 年以後鐵木提花機、機器刺繡機、手搖絡絲機、打線機、打穗機也都在新式設備之列。這是以工業化生產的絲正好用來支持手工業的髮網。

在此野蠶之鄉中有絲製髮網出現，這個行業在當地有一專門術語「撒網子」——周村髮網行業的興起，以其為生絲集散地，煙台、濰縣等地絲網業較晚興起卻成長快速。「商人先買下蠶絲或人造絲，找東、西馬庄、新民或前後槐行等村的打線匠加工成網子線，然後再到各個村庄，把線撒放給結網子的婦女，付一定的手續費，定期收貨。收回染色、曬乾、燻軟、整數、包裝，便可以行銷出售了。」（劉培耘 著，《髮網行業的發展》）這樣的程序其實仍屬包買制的過程，把紡絲打線及結網分給不同地區來進行。

1932 年以後華北絲網集散量最大的北平（北京），其髮網採購商親臨山東周村展開交易，相繼而來的是開封、長葛、西安等地的雇主，竟也同時出現在周村街頭，於是周村一度出現了髮網熱，規模較大的商號有孟家和徐家經營的德聚恒、仇家經營的謙記、德新街的張家、福鶴街的房家，還有兼營紡織業的李子升、李炳南等。此時周村街道、郊區、農村，結網子發展到五十戶以上，後來東馬庄、西馬庄、新民村一帶的打線匠，有的也改行編網子。

　　看來絲網是以內銷爲主，表明中國婦女的頭飾也開始西化，中國婦女、女學生竟然也使用髮網。中國婦女使用髮網可說是新瓶裝舊酒，把西方傳來的髮網網在傳統的髻上，早在說文解字中有「簪」一詞，簪即是固定髻的髮飾，現在以網代替簪。

　　民初流行盤頭，把長髮比較鬆散地挽在頭上，可有各式花樣，不像髻那麼紮實，髮網也正好可以把盤頭固定住，不使脫落，可惜我沒找到照片佐證。1934 年，髮網業又有進一步的發展，周村的腿帶廠把髮網順便賣到陝西、甘肅、寧夏等省分，沒想到受市場歡迎，那裡也成爲髮網暢銷的廣大市場，於是腿帶業兼營髮網業，生意就紅紅火火地興盛起來了。同年，北平最大的髮網商「義盛誠」的總掌櫃來到周村交易，致使周村在北平的銷售網絡更爲擴大。由此可見，北方婦女也跟上了西方的流行，對髮網的接受度大大的提高了。1935 年，周村海關接管郵局，稅率變高，周村髮網的輸出遂改弦易轍，轉由不設海關的辛店、益都、博山等地郵局出口，七七事變爆發後，周村髮網業跟著衰弱；1945 年日本投降，髮網才又恢復些許生機。

# 合作社與施粥廠—青島髮網殘局

　　抗戰之前山東農村已有合作社之組織，包括信貸合作社及生產合作社。這樣的組織推動起來不難，因爲山東原有一個古老的類似信貸合作社制度，稱爲「會」，臺灣也有這樣的組織。大多數的會十人、二十人、或三十人爲單位。每一會的會員每月繳交固定金額給會，一個會若有十人則以十個月爲期，十二人則十二月爲期，以此類推；再從會員中抽籤取得這些總金額，輪流而下，抽中首籤者可以不付利息，不幸運的尾會者則只取回會費而無利息，與臺灣方式不太一樣。

　　在「會」的基礎上容易轉成合作社，這是山東本土的組織；山東一名外國傳教士推動合作社，也是從資金入手，組織「泰普（譯音）信貸合作社」（Taipu Cooperative Credit Society），入會社每人交十銀元，也可以分期付款完成。會員可以由合作社保證，向外借款；也可以向合作社借款，如果得到另一名會員保證。「國際救災委員會（China International Relief Committee）」在災荒時期推廣農村信貸合作社，並接受委員會監督。合作社還有其他例子，山東

　　還有棉花產銷合作社 153 處，共計社員 8,988 人，棉田 33,681 畝，這些合作社都是 1934 年 2 月後開始組織成立。

　　德國佔領膠州後，大力建設青島，企圖把煙台的網業轉移到青島，但並不成功。根據日人吉野美弥雄報導，美商寶昌洋行 1921 年在青島郊區的臺東鎮（此區為貧民窟）建立可容兩百人髮網工廠，從即墨、膠州召募女工，這家工廠的特色是整個編網流程都在廠內完成，不用包買制。

美國國會圖書館館藏照片，攝影師 George Grantham Bain（1865～1944 年）約攝於 1909 年，這是一張施粥廠的照片，很難得看到，照片中，士兵正在發放熱粥

抗戰之後，山東髮網成為對遺族的一種救濟方式。1946年烈士遺族會正式成立，會員二百餘人，他們為解決生活清苦的問題，故而展開自立救濟，成立遺族會，並由該會設立繡花髮網工廠，這可能類似於合作社性質。1947年由青島市社會局長張寶山擬定「髮網生產合作社合作工廠籌設計劃大綱」，與現有的髮網廠（億豐）合作：

由本市熱心社會事業並具有經營髮網技能人士，組織髮網生產合作社附設合作工廠，以集中或個別生產方式，從事髮網生產工作，其具體組織方式分述於下：

依照生產合作社及合作工廠組織辦法組織之。

發動各縣具有髮網生產能力之流亡難民參加髮網生產合作社。

以縣為單位，分別組織髮網合作工廠，以利推進。

人事組織依照合作社組織辦法，選舉理、監事若干人，分別組織理事會及監事會，理事會以下設總經理一人，總理合作社及各合作工廠一切業務，下設總務、業務、會計、及技術四組，分掌各種業務，合作工廠每廠設廠長一人，受總經理之督導，辦理一切廠務，廠長以下，得設置總務、業務、會計、及技術各股。

～（青島檔案館， B0024 / 001 / 00844 / ）

青島市另成立「第一髮網花邊生產」合作社，合作社正式社員51人、預備社員一千人（其實這一千人正是髮網工人），他們的組成是社員及家屬，擺脫過去包買制的生產方式，於1948年向青島中央合作金庫申請貸款20億元，自籌資金20億5千萬元，其中該公司資本額10億元：現金2億，存貨2億，未收股本6億，資金這麼龐大是因金圓券之故。金圓券是1948年8月～1949年間發行的法定貨幣，取代1935年的法幣，由王雲五主持這次幣制改革。由於發行準備不足加上過度印鈔，很快地便出現惡性通貨膨脹，商人、受薪階級蒙受鉅大損失，金圓券的失敗被認為是民國政府迅速敗退的原因之一。

下列一個髮網搶案，似乎也足以說明合作社方式的組成已然滲入鄉間：

本月十五日晚膠縣三區民唐鄉鄉民魏秀美，經營髮網為生，少有積蓄，忽在十八日夜九時許，有強漢四名越牆闖門而入，各持步槍，著軍裝，番號不詳，並持電筒，強行將全部髮網搶去，共值億餘。魏之生意係集股而成，家中更少有田地，遭此劫掠，當場慘痛暈蹶，為鄰居勸救。一家六口，全賴此人營商得利，維持生活。並聞同夜遭此不測者三家，損失稍輕，翌晨發現行路證明係自籃村方向而來，該縣縣政府正偵查中。

～（青島檔案館，D000417／00070／0013）

這則新聞有幾個意義：一是，魏秀美的髮網是「集股而成」看來也是會或合作社方式經營，被搶之後，她必須承擔其他股員的損失，所以「當場痛暈蹶」。二是，值得注意的是女性成為髮網的業務員或仲介，這在當時也許是一個特例。

在髮網熱賣下，監獄及教養院也都編起髮網。濟寧的山東第三模範監獄是將寺廟普照寺予以改建的，其中有女監生產髮網，此外犯人們也製作衣服、糊鞋盒及編籐竹木器。同在濟寧縣內的幼童留養院，收留十至十五歲的貧苦幼童，他們亦從事編網工作。

隨著國共內戰形勢益形嚴峻，髮網業的救濟功能亦隨之增強。社會局合作指導室，以合作工廠的方式來救濟難民：

為努力倡辦生產合作事業，除督飭各生產合作社增強生產外，頃擬組設髮網合作工廠，以人髮結製，銷售國外，似此不惟可以取換外匯，且可收用大批老幼女性難民。按膠東各地，遠自民初即有髮網花邊銷售國外，故一般女性多習此道，僅在敵偽時期，因進出口受限，停歇六年，勝利後又受交通影響，各地家庭結製均未恢復，目前既有大批難民來青，當此救濟艱困之下設法收容，使其自食其力，且國外對髮網需要殷切，能夠大量出產運銷，亦屬中國之一大出口物品，對經濟、對社會均有莫大裨益。

～（青島檔案館，D000073000260025）

紮辮子聞嗑牙

## 獄囚滋鬧的原因

本縣（南通）地方監自改組爲江蘇第四監獄後，看守主任李立春，嚴禁各犯不得出柵，所有私人購辦食物及吸擎等事，亦從嚴查禁，且因素常售賣髮網，經手人任意趄扣，獄囚之憤怒異常。二十四日晨，群起鬨鬧，刻已由典獄官請撥警備隊前往彈壓，並查提爲首滋鬧犯人訊辦矣。

～（南通《申報》1923.10.27）

更進一步，施粥廠也開始附設髮網工廠：

難民婦女髮網訓練，不日即可正式成立，頃規定先由救濟院、觀城路、紅萬字會、武定路、寶山路等五處粥廠，吃粥婦女，年在12歲到30歲者，每廠登記五十名，共計二百五十名，定為第一期訓練名額，以期增進生產技能。

～（青島檔案館，D000275 / 00026 / 0014）

每班以十日為一期，每日上午九時至十一時為訓練時間，利用暑假時間，借用粥廠附近之小學及慈善機關為訓練地點，每十人為一小組，設組長一人，統由各粥廠管理員負責管理，並聘用技術專人教授，凡每班受訓練期滿選拔成績優良者，作下期訓練師，按照規定待遇，給生活補助費，俟籌備妥當後，日內即可開班。

～（青島檔案館，D000275 / 00004 / 0010）

但這些辛苦生產出來的髮網賣得到國外嗎？髮網業在這個時期所面臨的困難，不只在於社會失序，還有財政措施的阻礙，政府開始實施外匯管制，化學原料難以進口，包裝髮網的細薄洋紙、封套的貨源也受到阻礙。到了 1948 年，山東局勢已頗為混亂，農村破產，國民政府能掌控地區有限，「鐵路沿線國軍駐防區及青島附近

各縣，在戰亂饑寒中，尚能保持相當生產，據調查年產至少50萬籮，賴以為生之婦女在五萬人以上。」（青島檔案館 B0038 ／ 003 ／ 00231 ／青島市進出口同業公會）我們搭配前面那則魏秀美的新聞，可以想見其苦難之一二。

青島還維持二十三家公司出口髮網：攸利公司、聯義公司、佳豐公司、會隆貿易行、厚德貿易行、德泰貿易行、亞洲花邊廠、義豐商行、佳興商行、裕華公司、元成公司、金華公司、億豐商行、茂記公司、匯昌洋行、競西商行、震寰行、遠東行、興安行、億利商行、漢繼商行、頤華行、吉潤商行，最末的這家吉潤商行遷到了臺灣，延續髮網這項產業。從 1946 到 1948 三年間，整個中國還有 30～50 萬籮出口量，1949 之後山東仍然外銷髮網，可惜從臺灣報紙上只看到一條線索——1956 年中國髮網依然透過加拿大及歐洲國家流入美國市場——證明這個產業仍舊活著。共產制度下的山東的網業是由合作社統一經營，1962 年乳山市仍有 32 萬人民幣的髮網產值，但在 1979 年以後就消聲匿跡了。

# 小結：技藝及時尚的交流、苦難的救贖與提升

　　當我沿著同一條鐵路從濟南開到青島，看到青島德人當年留下的教堂、街道、德國總督府，不禁有種獨留青塚向黃昏的感慨。所幸這些建築因曾為共產大老住過，所以在文化大革命中倖存下來，不然連向黃昏的機會都沒有。

　　德國的殖民腳步起得晚，在一戰結束後也紛紛丟了，這麼短的時間不容易評價它的殖民功過。1870 年，俾斯麥藉由普法戰爭建立、統一今日的德國，之後他總是活在復仇戰爭的陰影下，擔心有一天法國會來報仇。於是俾斯麥鼓勵其他歐洲霸權建立殖民地，最好列強為了殖民地廝殺來削弱自身力量，如此保持德國的安全；也為了避免外交上不必要的糾紛，他並不鼓勵本國建立殖民地。德屬西南非是第一個德國殖民地（1884 年），它是由商人買下土地後要求政府追認，德國外交部最初不願意提供保護，擔心成本太高，後來這塊土地的經濟的考量變得有利，加上俾斯麥為了應付 1884 年的國會大選，所以他改變心意，勉強接受。

　　直到新皇帝即位，威廉二世自己操盤外交決策，德國才改變國

策，發展其世界政策，於是才有德國佔領膠州，在 1898 年將山東畫為自己的勢力範圍的決策，而德國更早三年取得漢口及天津的租界區，這則是利用甲午戰爭中國戰敗機會取得的。

德國是懷著把青島建成東亞最摩登港都的霸氣來經營這塊新取得的土地，相形之下，連當時的香港都顯得老舊。青島各種建設的確很紮實，沒什麼豆腐渣工程，包括碼頭、造船廠及延伸到濟南的鐵路（當年德國投資膠濟鐵路 5,300 萬金馬克，其中山東巡撫周馥以省庫銀，合 30 萬馬克的代價購買三百張股票）。注意到青島週遭的禿山荒丘，德國總督開始造林，這麼早就有環保意識是值得嘉獎的；引用李村河的地下水源，青島得以免用城內的苦水井，城市的下水道與大街同時規畫，下水道完全採用暗渠的設計，更進步者，雨水與污水分途；城市內有符合現代衛生的屠宰場、婦科醫院、兒童醫院、發電廠，整個城市設計可說是東亞之冠。

在山東佔領十年後，漢堡商會對山東作了一個報告，檢討其殖民是否成功。他們相信青島有朝一日可以成為山東、北直隸、山西、河南的中轉站，這四省面積是德國二倍、人口是四倍，土地肥沃，礦產豐富。其實並不如此，近代不少殖民地是賠本經營，青島的商業對母國的經濟貢獻有限，它們最大的功能是安撫德國過度膨脹的民族主義情緒。

什麼是殖民地？它是全球化過程中的必要之惡，起於人的虛榮心及逐利心。在那個時代世界列強急著參加殖民地俱樂部，表明自己是優秀民族。日本雖是很快跟上時代腳步的國家，它避開了被殖民的命運，接著也加入殖民俱樂部，最終欲火自焚，毀於二戰。每個商人都願意自己的貨賣出越多越好，利潤越高越好，以至商品要越出國界出售，生產要轉移到勞工廉價區，或者把廉價勞工吸引到新開發地區，這就形成殖民地與黑奴、苦力。殖民地的過程是很殘忍，是在船堅砲利下發生（現在政治勢力雖退到幕後，在 WTO 及各式國際商約下進行，但國際政治與商業利益永遠是難分難捨的）。老子說天地不仁，殘忍在每個時代持續，不是任何法律限制或宗教情懷可以結束的。

　　當殖民地解放後，我們看到殖民主的影響力。英國成功地塑造了美國、加拿大、澳洲，雖然不是每個英國殖民地日後都成功發展，西班牙及葡萄牙當年殖民政府多少應對今日南美的混亂負責。求諸歷史的事實，亞洲四小龍都是被殖民過的。有些地區在被殖民痛苦過程中，學到現代化，有些國家跟不上，被殖民只是白受罪。

　　我們來看看山東在德國殖民下的情況，它有些改變。當西方人來到亞洲建立殖民地，不只殖民者在這個殖民社會扮演重要角色，被殖民者也可以是活躍其間的積極分子。被殖民者事實上也有機會

在殖民社會中爭取本身的空間，不管是透過同化合作的方式，或者抵抗、反叛的方式。

山東的本土資本家就是在這個殖民空間中找到自己的位置。我們必須讚美山東商人（包括錢莊老闆）願意學習西方的技術及商業模式，把一個商品推入國際市場，包括語言、品管、運輸、融資、銀行匯兌、保險等項目，都與傳統中國的經商模式很不一樣，都必須先耐心當學徒。這些商人最終也學會化學染髮的技術，並且利用一次大戰的機會翻身；他們在歐美澳洲設分行佈點，擴張版圖。從此我們可以判定，山東商人的學習成功。沒有運用這些現代運輸、保險、金融工具，這些分行是不可能存在的。也難怪很多中國本土商人是基督徒，李春生就是其中一個很有名的例子，因為透過教會的人脈，這些商人可以更容易接近西方的商業技巧，這也可說明買辦在中國近現代商場及經濟上的角色。

髮網這個案例正足以說明西方的企業精神傳入山東，讓中國本土資本家在這項行業中找到自己的位置。反過來說，沒有這些山東商人、買辦的支援與合作，西方商人根本無從在中國投資發展商務，因為他們無法明白中國傳統的商業習慣及語言溝通的關竅。西方商人也得學習，跟中國這樣不容易改變其古老習慣的民族，想要建立有利可圖、持久而健康的貿易關係，自然得付出多年的努力。

紮辮子間嗑牙

# 在中國做生意有多難？

德國商人認為，第一份訂單的利潤通常是很微薄的，只能當
作是一種廣告，或者通往大路的立足點。和中國人談生意，
先經過冗長的磋商，費力的討論，突然間好像有些曙光乍
現，在不抱希望的當下得到訂單。當主要訂單下來時，老練
的商人很清楚許多後續附屬的需求也會紛至沓來，過去投入
心血於是得到回收，他也期待隨之而來的機會及可能時間，
去進一步尋利。

至於山東的婦女、工人也學到新的工作態度。山東髮網的問題在於品管不精，農民的心態也往往很投機，難以遵守契約，在反覆磨合，種種壓力下，改變包裝方式及工作態度，山東髮網終能保住國際市場。勤苦耐勞的山東婦女，很快就憑其手藝攻占了歐、美、澳等國際市場，從而取代了捷克的髮網。然後，透過合作社與「會」的方式來經營，取代傳統的包買制，甚至編網進入監獄及教養院，是西方所未得見的。

絲再度成了髮網的原料，而且一些中國女人也戴起了髮網，在在都是中、西之間交流、互動的結果。或者我們再作一些遐想，如果中國順勢而走，只要不發生內戰或者義和團之流的莽撞，靜待帝國殖民主義的退潮，也許中國可以避開很多悲劇。

再來檢視德國在山東成就了什麼？髮網生產主要在山東，山東網業的興起與德國佔領山東約是同時，這個技術可能是德國的猶太人帶進來的，再由教會及相關企業加以提倡，並由德國廠商大力推動。德國的史特拉斯堡是早期山東髮網的秘密轉運口岸，一部分的頭髮也在那兒染、製，史特拉斯堡在髮網的重要性一直到一戰發生之後才由紐約接棒。

至於其他德國人成功新推展出的中國商品還有草帽辮、雞蛋、腸衣豬鬃、花生大豆、生皮等，當中國的絲與茶逐漸在國際市場沒

此為美國國會圖書館館藏圖片，George Grantham Bain（1865 ～ 1944 年）攝於 1914 年青島德軍準備抵禦英日軍隊來襲時。

落後，就是靠這類新興產品來平衡國際貿易；德國在山東建立膠濟鐵路，當年髮網就幾乎沿著這條鐵路以及煙台展開；當美國成為山東髮網的主力市場時，山東的德籍猶太人又俐落地與美國猶太百貨公司接軌，這就是敖苟斯特波能成為髮網王的原因。他很聰明，雖然他成為身處中國的「敵國人士」，他還是有能力維繫他的生意，其實中國的政府也需要他的連線美國市場，讓山東的髮網在歐戰期間持續生存，讓山東的農婦女工還有收入，雖然歐洲髮網市場已受到戰爭破壞。

本章有相當篇幅說明煙台這個奇特的城市。

古名為登州的煙台其發展可以構成一個特例，這是一個深度西化卻沒有租界的城市，因為沒有租界，所以中國人在其中感受到的外國勢力壓迫也較小。它的氣候、它的地理位置吸引了各國外商及宗教人士定居，在這樣環境下培養出一批優異的中西商人。整個城市的自由的商業氣氛也很濃厚，據日本人觀察幾乎全城都是商人，這句話若不虛，那麼可說煙台是個中產階級主導的城市。當青島強勢崛起時，煙台或許變成二線城市，但它也沒被完全打敗，維持自己優雅地存在、緩慢的進步，可能由於城市內中產階級市民的努力：1872 年，煙台的出口 97,000 噸的商品，1908 年則達 200 萬噸。直到 1943 年，青島都沒能奪去煙台網業生機，也許還有其他例子可

說明煙台的屹立不搖，有待研究。

　　髮網的成就在文化、東西交通上比經濟貿易上來得重要。髮網的大量外銷，極盛之時可達 400 ～ 500 萬美元的外銷額，其實在整個世界貿易還是微不足觀的。1929 年，中國的國際貿易額只占全球的 2%，是日本的三分之一，英國的六分之一。髮網更重要的是技藝及時尚的交流、苦難的救濟以及女性尊嚴、自信的提升。

# 肆

亮晶晶——臺灣髮網・續編

1970 年代淡水，製作傳統手工藝的老婦。（蔡坤煌 攝影）

1971 年 12 月 1 日，美麗的影星伊麗莎白‧泰勒參加一場巴黎的盛宴，為保持頭髮整齊，泰勒頭上罩了一層綴有千顆鑽石的髮網，頸部繫上一條絲帶，絲帶懸一顆由夫婿李察‧波頓送的百萬美元珍珠形鑽石。（《聯合報》六版，1971 年 12 月 2 日）

麗莎頭上的珠網並非新發明，西方早在古希臘時代早已有之，只不過是臺灣人後來再發現，並且流行於 1960 年代及其後。

日治時期，當山東髮網業火紅地發展之際，是否有髮網流入臺灣？答案是：有！但可能僅屬少數。在日治的大正十二年（1923 年）曾有一條稅則記載：從芝罘（即今煙台）進口的髮網，依進口價格的四成課稅（臺灣圖書館藏，臺灣總督府財務局編訂之《稅則例規》第二編）。在日治的臺灣社會裡，依稀反映了這樣一個淡薄的印象。而右圖可能是日治時期李釣綸拍攝的，不是典型的、但也算是髮網的一種。

對全世界而言，1949 是個大移民年代，移民不只從東歐流出，同時也發生在東亞。比起蘇聯，臺灣受到二戰的破壞只能說皮毛之傷，但也因二戰拖累，經濟從 1937 年高峰一直往下滑，直到 1955 年才回到戰前最高水準，臺灣不僅面臨外匯危機，也有二百萬軍民撤臺的壓力，在美援強力協助調整下，政府的大力干涉，包括土地改革、四年經建計畫、開發新產業、加工區的設立、十大建設等，

終於有所謂經濟奇蹟，時間也到了 1970 年代。髮網的生產就是在這段由苦而甘的過程中。也就在 1970 年代臺灣經濟漸入佳境後，髮網也慢慢退出生產。。

　　很多山東人隨著軍隊來到臺灣，商人、軍人、學生都有。山東人到臺灣後爲了謀生，不僅販售山東饅頭、餃子、永和豆漿（世界豆漿第一代老闆李雲增即來自山東），也經營產值較高的事業，如紡織、麵粉。臺灣人開始生產髮網則是到 1950 年代以後才興起，可想而知，這項產業自然是山東移民所帶來的。

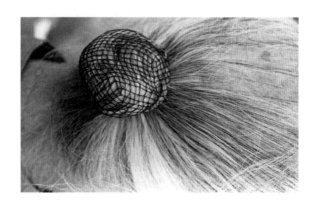

台灣老太太戴上棉線網。李釣綸（1909～1992 年）攝影，夏門攝影企劃研究室提供。

　　青島吉潤行即將從大陸撤退來臺時，曾先行搶運了一批髮網成品，來到臺灣後分兩批出口，成為首批從臺灣外銷的髮網。由於在山東時期國際貿易經驗，吉潤表現積極，經濟部及手工業負責當局積極倡導，吉潤行乃於 1955 年春天，在臺復興此一手工業，中間歷經五、六年的斷層。此時專門從事髮網外銷業務的廠商，除了吉潤行，還有臺灣髮網、友利、泰能三家公司主導外銷。

　　冷戰時期，美國禁止與中國直接貿易，但美國婦女仍有髮網的需求，腦筋靈活的商人自然把目標轉到臺灣來，大力鼓吹臺灣人生產髮網。當時的經濟部為了爭取外匯，促進臺灣經濟的發展，當然也大力推廣。1955 年，來自煙台附近小東夼村的曲景安，擔任美商銳志行在臺的負責人，他負責輸入人髮，招聘來自煙台等地的熟練女工百餘人，推廣髮網編織；此外他更與軍方合作，集訓後派至眷村傳授編網的技術。當時普通工人每人每天工作八小時可編織一打，熟練的工人能編織二打（這個速度有些太快），每籮加工費 4.5 美元，臺灣每月的生產量約在 20 萬籮。這項收入，足可大大提高一個家庭的生活費。地方組織如淡水的婦女會與民眾服務站聯合舉辦訓練班，1956 年 11 月參與受訓的婦女多達三百人。

　　臺灣的髮網業都由外商鼓舞、操控下展開，臺商完全無主導權，包括尼龍絲髮絲等大部分的材料、市場都控制在外商手中，臺

## 紮辮子間嗑牙

### 孔憲澤

字子潤，臺北吉潤貿易行總經理。益文商業專科學校畢業。
曾任青島市吉潤商行總經理，青島市進出口商業同業公會理
事長，青島市總商會常務監事，臺北市進出口商業同業公會
監事。（近現代人物資訊整合系統）

### 賴漢衡

泰能股份有限公司董事長。臺灣省彰化縣人。淡江文理學院
文學院外文系文學士。臺灣區髮網輸出業同業公會理事，進
出口商泰能行經理。（近現代人物資訊整合系統）。

灣的廠商也不像山東商人一樣，派駐外代表，反過來說，美商並不
直接與本地工人接觸，乃由臺灣的分公司或臺灣本地的公司合作，
如泰能行、吉潤行、臺灣髮網公司及銳志行的臺灣分行，所不同者，
美商還爲之找尋眞髮。

《中央日報》在民國 45 年 5 月 17 日報導，基隆市民眾服務處舉辦髮網訓練班。

就像今日各種電子產業一樣，所有利潤都在美商精算中，臺灣本身只能賺取加工費，美商規定所提供每磅的頭髮單扣髮網不得少於 13 籮，雙扣 6.5 籮；每磅尼龍絲單扣不得少於 26 籮，雙扣不得少於 13 籮，按件計酬，全數運到美國。直到珠網出現，臺灣髮網才有比較大的自主空間。有趣的是，資料上所見報價都以美元為主，一般說來每籮約在 4.32 至 6 美元之間，這是臺灣公司的獲得，包括經營費、薪資、工資、辦公室用品、稅捐、報關等費用；不包含頭髮、染色等成本。國際市場上實際售價是 9.5 至 11.4 美元，外商可賺到一倍甚至更多。至於臺灣網工大概每件美金兩分。

# 珠網再度問世

珠網演進的關鍵人物之一便是于豐仁（1928～2018年），他是山東煙台人，畢業於山東大學文學系。他之所以投入製髮網、假髮行業，與其家庭背景有關，他的父親在煙台就是從事髮網生意。1949年，于豐仁隨家人遷臺，最初他在基隆國小教書，也曾當過教務主任，生活平靜。到了1953年，發生了一件不幸的事，迫使于豐仁興起改行經商的念頭。

那年冬天，于豐仁的母親去世，對家庭的打擊很深。于豐仁的父親憑藉大陸髮網生意尚有一點積蓄，但來臺後全家坐吃山空，妻子生病後更是積欠了債務。于豐仁感到靠教書只能勉強維持一家人溫飽，根本無力還債，於是開始投身於髮網生產。他先寫信與父親在美國的老客戶聯絡，待得到回音後，他開始奔波全臺各地努力推廣、講解髮網製作技術。同時，配合政府發展臺灣加工輔導小組輔導外銷，並於1957年設立友利商行，經營髮網外銷業務。1961年春，友利商行改組爲友利髮網股份有限公司，設址於臺北市中山北路二段45巷21號。1962年，成立臺灣髮網輸出同業公會，于豐仁

更熱心擔任了數屆的公會理事長。

　　1964 年，他開始生產假髮，不斷引進新產品、新技術，積極開發國外假髮市場。繼而友利公司又轉往玩具業發展，企業轉型，1966 年後，于豐仁不再只依賴頭髮，開始發展手套生產、塑膠製品、玩具、製衣、娃娃、填充玩具等，並經常與國外業者交換意見，收集最新款式。他的玩具產品幾乎百分之百都外銷，外銷金額曾多達 500 萬美元。由於他不斷推陳出新且朝多角化經營，因此即使面臨市場不景氣，對他依舊毫無影響。于豐仁可說是臺灣第一代外銷拓路的尖兵。

　　珠網生產提振臺灣髮網的外銷，這是于豐仁的創意。雖然珠網在歐洲古希臘時代已出現，但我想這是于豐仁本人想出的點子，不一定受到西方的影響。臺灣生產的髮網以尼龍網（單扣及雙扣）及髮網（單扣及雙扣）為主，價格每籮從 4.7 ～ 6 美元（雙扣網）。1960 年于豐仁推出鑲珠尼龍髮網，立即成為新時尚，從而抬高了髮網的單價，國際市場曾高達每籮 12 美元。在美國市場壓力下，1961 年外貿會干涉、修訂這些底價：人髮網每籮美金由 7.5 元降為 4.5 元；尼龍平髮未調整，維持每籮美金 3.5 元；尼龍鑲珠網每籮美金 7.5 元（原為 9.5 元）。這項技術中尤以編織珠網最費工，珠子得用手工一顆一顆地串起，此外，除了珠網，他甚至開發閃光膠片

紮辮子閒嗑牙

## 政府的參與工資管控

（臺灣）省建設廳為拓展髮網外銷，以維護髮網編織工人之生活，邀集全省十餘家舉經營髮網外銷廠商進行座談會，除研討拓展外銷辦法，並協議訂定工資標準如下：1. 白色珍珠網每籮 156 元（約 3.9 美元；美元台幣比約 1：40，每個髮網約 2.7 分美元）；2. 彩色珠網每籮 144 元（約 3.6 美元；每個髮網約 2.5 分美元）；3. 閃光膠片網每籮 156 元；4. 大平網每籮 84 元（約 2.1 美元；每個髮網約 1.5 分美元）；5. 小平網每籮 72 元（1.8 美元；每個髮網約 1.3 分美元）。上項工資，如髮網市場好轉，當隨時調整提高。

～（《聯合報》五版，1961 年 8 月 17 日）

網，非常新奇。

　　1956 年髮網初起之時，出口髮網 25 萬美元，1959 年下降到 15 萬美元，臺灣髮網一度為日本尼龍髮網所取代，如今加綴小珠後，竟打敗了日本、韓國的競爭，爭取到美國以外的市場；倫敦、加拿大亦向臺灣訂購，歐洲各國及澳大利亞等，也成為可能的髮網外銷市場；1960 年竟創造出占所有手工業品輸出總額百分之十以上的好光景。該年僅珠網一項出口即達 625,378 美元，其中臺灣髮網公司占了 213,271 美元，發明珠網的友利占 209,609 美元，泰能行 135,708 美元。不但臺灣手工業推廣中心大吃一驚，就是業者本身也似乎感到有一點意外，這是鑲珠網的出現有以致之。

　　好景不常，1963 年臺灣網界自相殘殺的結果，髮網輸出雖然數字倍增，但實際出口金額卻降為 52 萬美元。珠網最高價時每籮 12 美元，不過才到 1963 年便降至 7.5 美元，珠網的劇烈起伏一如資本主義市場的各種流行。1967 年外銷額為 401,079 美元，過去數年累積的髮網輸出金額達 400 萬美元，比起同期臺灣的其他手工藝品出口，髮網的角色相當有限，比如 1956 年的 254 萬美元，其中髮網一項的輸出只占美金 25 萬元，約一成。大陸時期髮網可替中國賺到年 400 ～ 500 萬美元的外匯了，在臺灣從未達到這樣的業績。

　　臺灣也有被退貨記錄，1957 年臺灣髮網公司被退貨二千餘籮，

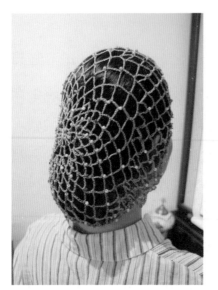 

于豐仁串上珠飾的設計，再度掀起髮網熱賣的風潮。今天髮網或是珠網還是買得
到，按照自己的設計，從臺灣上 ebay 網站訂購，圖片中的髮網棉線穿塑膠珠而成，
感謝黃品閎先生攝影，許玉真女士示範。

工資損失達二十萬元，國際聲譽損傷尤其難以彌補。1967 年巴西進口商向臺灣福豐公司訂購一批天然髮網，福豐公司以尼龍網充數，有失信用。臺灣駐巴西大使館參贊趕緊轉介大宣企業公司，以挽回商譽。目前看到退貨資料僅這兩筆，可能是政府督導有功。1966 年政府進而制定外銷獎勵金，平網每羅美金三角，珠網每羅美金五角。

鑲在珠網上的玻璃珠及仿珍珠如今看似簡單，當年卻都只能仰賴進口。1960 年，新營髮網公司從捷克斯洛伐克購買工藝精良的小珠，假冒香港貨進口，遭到禁止，因當時的捷克屬於蘇聯集團的成員，各髮網公司只好從日本、西德及義大利求援。

## 眞髮難得，尼龍網順勢竄起

髮網業的困難在於人髮之不易得，如果臺灣人提供足夠頭髮，自然有利於此產業。可惜臺灣人並不流行蒐髮、賣髮，留長髮的人也不多了。臺灣第一批眞髮髮網的完成，是吉潤行從大陸逃難出來時所帶出的一批人髮，幸爾頭髮耐於保存，這批頭髮乃在 1954 年、1955 年後派上了用場。臺灣網商還是嘗試自尋髮源，1956 年吉潤行從南韓進口生髮。本書第一章已介紹過，晚清時期朝鮮人跨過海關到滿洲剪髮、賣髮的情形，現在又再度使用到朝鮮頭髮，當

時高麗髮很可能是臺灣網業的支柱。臺灣省手工業委員會曾調查、收集人髮，並轉向南韓洽購，臺灣工業試驗所把韓人頭髮試染後，派上用場；另外也嘗試從印尼、泰國、印度進口人髮。當時吉潤行買的朝鮮髮，1,000 磅（約 453 公斤）即要價 1,850 美元，其中扣除 30% 的耗損，一磅頭髮約可製成雙扣網（雙線網）6 籮半或單扣網（單線網）13 籮，雙扣每籮可售 2.5 美元，扣除買髮成本，1,000 磅頭髮可賺取 13,150 美元。

再走回頭路？1957 年，美商銳志行供應臺灣本地人第一批人髮，總量約 20 磅。值得玩味的是，這些人髮到底是從哪裡來的？很可能一部分就是經由第三地香港，從中國來到自由世界。我在天津檔案館發現，1954 年香港捷成洋行（Jebsen & Co.）致函中國大通貿易行（the Chase National Company），托其尋訪、購買人髮，但並不知最後結果是否成功。為覓得人髮，除了從南韓及香港進口，可能經由加拿大，間接購得中國人的頭髮。從頭髮的窘困可得知，編網的髮源其實來自東亞，其他地區的頭髮是很難取代的。

由於取得人髮日漸困難，故尼龍網漸成主流，雖然美國人最初對尼龍絲髮網不感興趣，他們要求訂購人髮製的髮網；在市場上人髮畢竟比尼龍網受到歡迎，因為材質天然舒適。人造絲、尼龍絲最初得從美國運來，製成網後，又賣到美國。1966 年臺灣可自造尼

龍絲，但玻璃珠仍需仰賴進口。同年，髮網出現了新款型，以羽毛沾黏在尼龍髮網上，髮網與羽毛一樣都自美國進口，臺灣只進行加工，每打的出口售價是美金 2.3 元。可惜的是，臺灣並沒有改用絲編網，絲是天然材質，必然比尼龍網舒適。絲網早在中古、近代歐洲即廣受貴族及中產階級婦女所使用，而這項絲編網的技術也在山東恢復，但在臺灣卻未受垂青。

# 走入眷村與農村

　　由於技術、工具都簡單，髮網很容易被推廣成為家庭手工業。就在吉潤行決定復興這個產業的 1955 年，28,000 名的「大陳義胞」自浙江臺州列島的大陳島撤離來臺，為了解決其部分生計，臺灣的就業輔導委員會與吉潤行合作，由吉潤行供應原料及提供傳授編織髮網的技術人員，當時高雄縣旗山嶺口新建之大陳義胞凱旋新村落成時，共 352 戶計 8,478 人，在合作社的組織下開始編織髮網、金絲草帽、地毯、抽紗刺繡等，補貼生活。

　　除了大陳義胞外，眷村也是優先推廣的對象，用於補貼軍人微薄的待遇，參與生產的眷村婦女多達萬餘人。結網地區分布於新竹、嘉義、埔里、岡山、屏東、花蓮鳳林等地。

　　工錢可能因地而異，曾有紀錄：1959 年髮網銷美預計每月可擴充到兩萬籮，依當時髮網在美售價，每籮髮網除了原料，可獲勞務輸出價值 4.3 美元，兩萬籮共 86,000 美元，髮網工廠的女工每月工作 26 天，每人可獲工資台幣 700 餘元。1962 年編織髮網，每個 8 角錢左右（約美金二分，其時臺北公車學生票價是 4 角、全票 1

元）。在山東每網工資約美金一分，臺灣約是其兩倍。

　　1966 年，政府曾制定外銷獎勵金，平網每籮美金 3 角，珠網每籮美金 5 角。由於臺灣外銷商本身競相削價，於是平網由每籮 5.5 美元降到了 3 美元；同年，政府乃要求統一報價，為的是避免惡性競手，保障勞工。總之，在 50 或 60 年代的臺灣，髮網是眷村（特別是大陳島村子）、農家、鹽工等家庭婦女的重要收入津貼來源。風行世界的髮網，確實在二戰後影響了臺灣。

　　下面引文有助於讀者了解眷村織網的實況：

　　我們這個大雜院裡就有三、四個同事太太織造髮網，她們每當午餐過後，就相約到某一太太家，圍坐在一張桌子前，桌上釘一隻長釘子，把尼龍絲套在上面，就開始編織起來了。看她們熟練的用一根扁型的竹籤鉤住絲線，左右上下來回地穿織，一面口裡也不停的說東道西……。織一個普通的髮網，手工錢是二元，如果加珠飾的就加倍。遇到手腳快的太太們，每天家事之餘，織上三五個是常事，那麼一個月下來，結算工資就有二、三百元之譜。這筆錢的數目並不算多，縱然不足以拿來補貼家用，可是為孩子們購置點玩具，或是替自己添件花色新穎的衣服，卻也綽有餘裕。偶而太太們相邀看場電影，吃點東西，更可以慷慨地搶著會鈔，不必顧慮到此舉將影響本月的生活費用。無怪乎我經常聽見隔壁的張太太扯開嗓子對

古希臘黃金珠網，約製於西元前230～210，為柏林古典收藏品（Antikensammlung Berlin）之一，攝影者 Sailko。

她的同志們說：「喂！今天我領到『加班費』了，晚上的電影，我請客！」

～文字摘自（《中央日報》，1965 年 6 月 21 日，瓊華「織髮網」一文。）

1960 年代，由於國際市場的擴大，髮網的編製已跨出眷村。一般農村婦女如布袋及七股的鹽工家庭也參與編網。因其工資比其他任何手工業為高，逐漸提高對結織髮網的興趣。有鑑及此，婦女會、婦女之家熱心地教授技藝，舉辦髮網手工業訓練班。

而大家恐怕想不到，髮網的下一個受益者竟然是養女。話說臺灣早期尚有養女的習慣，為此，1950～1970 年代社會上甚至還曾興起保護養女運動。1965 年時，臺灣的養女尚有十八萬之譜，為了協助養女經濟獨立，編髮網不失為迅捷的途徑。雖然如此，髮網工人有兩個問題，一是流動性很大，二是手工不夠熟練，這兩個問題正好說明，臺灣的髮網業濟貧重要性有限，做這個行業的人可能把它視為過渡，如果她們像山東的女工一樣非做不可，人人自然會認分地做下去，技術也肯定會提升不少。

臺灣男性也會編網。在新竹榮民之家，殘疾、年老的榮民，政府每年撥給他們的全部生活費新臺幣 2,978 元（1961 年）。為了賺

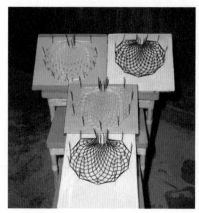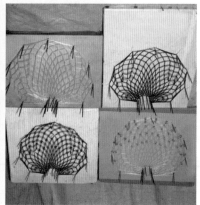

上：此照片為「第五期訓練班畢業照」，攝自屏東北機里眷村（1956年），創作者不詳，清水社會教育工作站提供。

下：兩張圖為編結髮網成品，創作者不詳，攝自臺南七股，1960年11月底，下載自鹽光文教基金會，圖片所顯示應是掛網，把網撐開，可以清楚看到漏洞，確保髮網的完整無缺，才能出口。

二圖為布袋鹽場鹽工之家編結髮網課程進行時的狀況，攝自臺南七股，1958年間，創作者不詳，下載自鹽光文教基金會。

取外快，在榮民之家幾乎每個人都不斷地在從事髮網生產，他們戴上老花眼鏡，用手工編製尼龍絲髮網、麻繩等手工。但我們不宜從這個例子來誇張男性編網的重要性，男性編網的勞力在歐洲、山東或臺灣都未居於重要位置。

為了解決農村剩餘勞力的問題，政府非常積極參與髮網業，曾動員國防部、經濟部、婦女會或婦工會、建設廳手工業中心等，效果是：此時約有五、六萬勞工仰賴此一技術謀生。

1950 年代的商行，除了有吉潤行、友利行、銳志行、臺灣髮網公司、美商遠東洋行（即 The Rieser Company, Inc. 販售維尼達 Venida 品牌的髮網）外，到了 1967 年，髮製品即共計有二十家，如新豐企業公司、倫達髮製品公司、友利髮網公司、恆益公司、嘉南公司、福豐工藝公司、本源興公司、太利公司、翔茂公司、全裕公司、和計實業公司、臺灣髮網公司、寶島人髮製品公司、融貫企業公司、福民工藝公司、民茂公司、大統公司、皇冠髮品公司、中藝髮品公司、皇冠假髮行。此時，吉潤行及銳志行等較老的字號已然退出。1971 年時剩十七家，似可看出這項產業式微的跡象。1976 年以後，報紙報導髮網的消息更加少見，這可能也顯示了此一產業已經步入夕照階段。

## 髮網之外，還有那些家庭代工？

1950 年代，有籐、竹、通草、苧麻、大甲藺、三角藺及海草（瓊麻）地蓆等七種家庭手工業。其中海草地蓆很少受注意，根據報載：海草地蓆爲一種臺灣特產，以美國及巴西爲主要市場。在受到香港及日本的競爭與挑戰下，外銷不振，1956 年成立的臺灣省手工業推廣中心建議政府將該項原料列爲管制出口物資，之後海草地蓆輸出大增，香港、日本因缺乏原料，於是美國等市場再度轉爲臺灣產品所掌握。

較之 1955 年輸出額 68,000 美元，1956 年約增加四倍，輸出值則爲美金 30 萬美元。推廣中心爲加強該項產品信譽，督導、改善品質，會同省檢驗局訂定規格標準，並製成標準樣品 ABC 三種，AB 兩種爲外銷，C 種內銷，分送各海草地蓆製造工廠及有關之出口貿易商行參照辦理。（1956 年 12 月 30 日《聯合報》三版）

到了踩縫紉機時代：縫拉鍊車布邊、針織毛線、穿木珠簾、編珠簾、做芭比娃娃等。臺灣也曾是雨傘王國、玩具王國、聖誕燈王國，這些都是婦女胼手胝足建立起來的王國。

## 小結：髮網對臺灣人的幫助

臺灣髮網業只是臺灣經濟興起的諸多故事之一。在冷戰期間前二、三十年中，髮網是大時代的小角色，臺灣婦女胼手胝足地為生活拚搏，髮網伴隨臺灣婦女度過艱辛歲月。髮網也贊助臺灣的成功，臺灣商人也透過這項初興起的產業學習如何與世界接軌、與鄰國競爭，這種競爭甚至一直接續到今日而未息。就如其他臺灣的外銷產業項目，需求來自歐美，臺灣商人不易走卡特爾（cartel）合作路線，最終在大賣後自相殘殺，破壞行情。臺灣政府負起品管監督之責，以維持商譽；另一方面也利用這類手工來降低農村人力過剩的壓力。這項產業似乎就在臺灣終結了，還沒看到文獻記載，編網從臺灣外移到工資更廉之國家。主要的原因是時尚改變、市場萎縮、髮網功能被取代，髮網商也轉型成如玩具工廠等其他工廠，但它也並未完全消失，在今日國際網路平台還是可以訂購到。

# 總結：我們都是世界史的一環

## 全球化

　　如果我們說絲路是全球化歷史的前言，其實並不爲過。香料、絲及茶葉是絲路上重要的商品，這些商品憑藉自身的魅力，走到遠方，在絲路上，茶及絲甚至被尊爲貨幣，用絲用茶磚可以換取馬匹或駱駝。等到工業革命之後，人類的技術及商品如雪球一般滾下；一般認爲至 1870 年以後，人類歷史進入到第二次工業革命，新的工業項目、技術、能源（瓦斯及電）、商業組織（托拉斯、卡特爾）及行銷方式（郵購、分期付款）、商業訊息的傳遞（電報、無線電）日新月異，乃至交通上的便利，都足以促使任何具有吸引力的商品，步入全球的市場。其實豈止是商品，宗教、知識、思想、影片、熱門歌曲、馬克斯主義，也都如潮水般來去自如，無遠弗屆。只是流行的週期也越來越短，馬克斯主義退潮之快一如其漲潮之速，雖然馬克斯迄今還是保有一席歷史地位。

　　商品、技術的全球流動之外，人的全球流動也是十九、二十世紀全球化歷史重要的一頁。德國工程師石樂德來煙台工作把髮網帶

到山東，又比如說中國苦力參與美國的鐵路鋪設、山東移民在滿洲、在西伯利亞、猶太小販在美國、外省人在臺灣、廣東福建苦力在東南亞種植園；同時他們也救濟家鄉親族，蓋房避寒。不論是逃荒或是逃戰亂，這些移出入人口對於原鄉或僑鄉都有莫大貢獻。

## 濟貧

髮網正是第二次工業革命後新（化學工業）舊（手工藝）結合的商品，而且它是全球化下的商品之一，編髮的技巧也是全球一致的。這根生產髮網的木棒流傳在貧窮之間，把三個遙遠的地區串連起來，成為一首脫貧三部曲。最早，捷克高地貧窮的婦孺，把自中國出口而來的頭髮編成網。接著，山東承襲此業，然而山東並非當時中國唯一出口頭髮的省分，捷克高地也不是當時世上唯一織網的地區，之所以有此一因緣際會，德國人把織網的技術帶到山東，加上基督教宗教人士的慈善推動，從而促使山東髮網業開展，於是髮網緣著鄉村、難民、監獄而流動；晚近，又透過從山東出逃的難民將技術帶到寶島，適逢冷戰，世界的聯繫出現缺口，臺灣的眷村及農村婦女才在這個夾縫中得以接手這項工藝，遂讓髮網這個產業成為戰後臺灣早期的出口小尖兵。

濟貧是本書的一個重點。亞爾薩斯絲網幾乎沒什麼濟貧功能；在捷克高地，髮網收入不只是補貼，還可翻新舊屋；在山東則可幫織網家庭度過難關；在臺灣編網的濟貧功能相對薄弱，時間也較短，意即它在臺灣的重要性偏低。本來這四個地區的經濟基礎就不一樣，當然髮網的救濟功能也因地而異。雖然編網是傷身耗力、殘害兒童健康的工作，但從社會經濟史的角度來看，它仍具有正面的影響力。而朋友易德波的提醒也是值得思考，貧窮的女子被迫落髮，兒童被迫日以繼夜地工作，這個產業還是涉及身體剝削的道德問題。

## 商人、猶太商

為了發展髮業，各個民族（捷克、猶太、山東、德國、美國、澳洲……）的大小商人架起了通路網：勤儉的中國人，一髮一髮地蒐集，由流動商人帶著這些梳髮一村又一村地旅行，最終來到港口，賣到西方，染成適當的西方髮色，又運回山東，由廉價的山東婦人編織，藉以度過他們本身的經濟難關；無數的仲介穿梭各地，把編網的技術傳給村民，發放頭髮的同時也回收成品；技術的傳播、研發及轉型、品管的提升、傳統的商業管道、外貿經驗的累積學習，

在在都是促成這項產業成功的因素。而捷克的克基爾則將髮網的生命延續到運動器材、購物袋及窗簾，我們今日仍受其惠。山東人才輩出，一群基督教商人自西方學得技巧，無論是信豐公司（李虹軒、吳覃臣，根茲博羅牌髮網的代工）或是億中公司（王敬五、孫伯峨），都能打入國際，闖出名號而長期經營。濟南宋氏父子（宋傳典與宋斐卿）提振網業於鄉梓；出身山東的臺灣商人于豐仁藉著新穎的產品——珠網，又帶起了另一波高潮。國際勞力的競爭與接棒，國際商人的合作或傳播，髮網這個例子如此貼切地顯現了早期全球化的故事。

在這髮網的產業鏈與商業鏈中，猶太商人的才情尤其令人讚嘆。他們顯露出卓越的經營能力，Heisler 找到了染髮秘訣；捷克男性的猶太企業家 Bondy 發現中國人頭髮的妙用，把這項古老產業推陳出新，將價廉而質優的原料人髮，發放給貧窮的高地的猶太或捷克農婦、小孩編網，最後戴到貴婦的頭上；他們運用傳統的「包買制」，動員大量的捷克人力，包括猶太人，為大家找尋活路。德籍猶太人石樂德將結網技術帶到山東，「髮網王」敖苟斯特波一戰期間努力存活於山東，不只他本人找到活路，也讓山東髮網與美國百貨業連線，使得髮網最終有 1921 年的高潮；美籍猶太公司遠東洋行及金寶百貨都在髮網業的貢獻中舉足輕重。很可惜，最後是納粹

摧毀了這項產業，Bondy 進入了集中營，山東的本土髮網商撤出了歐洲的分店。從另一個角度來看，清末、民國社會對猶太人是相對寬容的。二戰前在中國東北曾住三萬人猶太人，他們對於這段滿洲歲月有相當美好的回憶。

中歐猶太史是本書的次軸心。在一次大戰前的捷克猶太人是怎麼自處的？在俄國的猶太人，他們認同俄國說俄語，只是信仰非東正教；在德國、哈布斯堡下說德語的猶太人，如同境內的天主教徒及基督徒，他們認同中央，甚至可能比捷克人更認同維也納，只不過他們所信仰的是猶太教不是天主教、路德教派而已。當捷克人企圖自立時，猶太人要如何回應？選擇奧地利抑或捷克？猶太人的困窘不只在捷克，大部分歐洲國家都有虐殺、歧視猶太人的情節，只是輕重有別而已。我們可以感受到情勢越來越嚴峻，最後的浩劫是希特勒屠殺了六百萬猶太人。美國對猶太人是最寬容的，大概有七成的猶太人都去了美國，在美國上焉者開設工廠，貧寒者則從事小販。美國對移民的寬鬆也是它在二十世紀經濟能成功的原因之一。

## 婦女的生活

另一方面，這個故事也告訴我這身為女性之弱勢族群的生涯，

過往茹苦含辛的生活歷程，實不應被忽略。編網的婦女可以有些自我的滿足。像捷克婦女瑪麗亞克基爾夫人、Marie Chlubnová 能在這門手藝中展現自己的天分，這是很難得的例子。在歷史上留名者多為男性：英雄、國父、教皇、哲學家、科學家、征服者、大商人……。像慈禧、武則天、聖女貞德、伊麗莎白女王、俄國凱薩琳大帝等女性政治家，只是歷史上的異數。只有在藝術家、文學家的領域內，女性比較有機會出線，南丁格爾、居禮夫人、秋瑾，這都是十九、二十世紀的事了。女人在歷史中扮演什麼樣的角色、具有什麼樣的地位？在母系社會中，女人是支柱，可以貴為族長；在父系社會中，無論基督教世界或舊世界各文化區內，女人是第二性，雖然仍為實質支柱，但往往不是決定者。她們最重要的責任是養兒育女，只能在家、國的巨蔭下無聲地讓生命延續，透過養育的過程讓倫理文化傳衍下去。無論在歐洲或在中國真實的社會中，都不是男耕女織、琴瑟合鳴地和諧分工；更多的情況是女人既耕又織還要煮。這些在地球上為數龐大卻總是籍籍無名的女子，究竟是怎麼度過其一生的？從古代留下來的傳奇、小說、戲曲，也許我們尚可窺見女人為生活與命運掙扎的一個小段落，實無由透視其全貌。婦女史還是有待開發的領域。

　　即使是我孜孜費力編織的這個髮網故事，也只能看到某一部分

居於下層社會的農婦、女工，如何在災難與貧窮中獲取一線生機而努力生活下去，但那也是非常薄弱的印象。這些婦女透過本身手藝所賺取的工資，甚至可比她們的丈夫從農地上所獲得的收入還要來得高。於是，這些中國的農村婦女，雖然從毫無分文收入，進階到所得高過丈夫，但對她們提高家庭中的實際地位卻是非常有限，比較可悲的是，她們更不一定能夠支配自己所賺取到的錢。然而無論如何我們必須承認，但這些女人的心理上、自信上還是有助益的。婦女在家庭中的地位，雖難有實質性的提升，但在精神層面卻有了另一種出口，主婦們往往趁著丈夫不在家的時候，向前來兜售的小販購買商品，享受消費的樂趣，而且還同時趁機將家中多餘或已無太大用處的物品出清，轉售出去以賺得私房錢，居家環境因此也美化了。依我個人的想像，這種情況在中國大概也不少見。

髮網的大眾化也是值得注意的。髮網從貴族仕女的頭上、到中產階級太太的頭上、到職場女性工作者的頭上，她們從事男性的工作，不是家中無薪勞工，為了工作的安全，戴上髮網，自尊而美麗。正值此時，歷史的轉折讓女性擁有了投票權。同時，髮網也能夠出現在尋常百姓的婦女頭上，且東西方皆然，臺灣的老太太在她們的髻上包了一個小網，特別可愛。於是，髮網不再是以往富貴女人的專用品，乃今成為大眾生活的一部分。本來下層人士總是模仿上層

階級的衣著,這是人之常情。到進入新時代髮網人人戴的平等意義
在其中,這個世界不再禁止女僕穿金戴銀。

　　隨著世界潮流的時移勢易,當髮網不再是一種流行的時尚以
後,儘管它的使用並未完全斷絕,但產業的重要性卻已日漸沒落。

　　寫到最後,我依舊願意這麼說─無論是殖民、移民、髮網產業,
臺灣史都是世界史的一環。

此為美國卡通畫家 Ralph Barton(1891～1931 年)所畫,Alfred Cheney Johnston
(1885～1971 年)攝影,1921 年刊於 Photoplay。畫中人物是美國默片電影名
星 Mary Thurman(1895～1925 年),她是第一個掀起妹妹頭髮型的知名人物。

# 參考資料及書目

## 【檔案】

**青島檔案館：**

B0024/001/00844/。B0038/003/00231/ 青島市進出口同業公會 1948 年 1 月 19 日。

B0038/003/00231/，青島市進出口同業公會，青島市進出口商業同業公會髮網組代表曲拯民，民國 37 年。

B004/0005/00113/0065 青島市第一髮網花邊生產合作社生產借款計畫書、調查表。

D000148/0044/0039, 1947 年 9 月 23 日。遺族自救會。

D000073/00026/0025，《民言報》，1947 年 12 月 13 日。

D000134/00034/0004，遺族自救會。

D000275/00004/0010，「領粥婦女學結髮網，社會局已將辦法規定，日內即可開辦訓練。」《青島時報》，1948 年 7 月 02 日。

D000275/00026/0014，髮網訓練班，1948 年 7 月 14 日《青島時報》。

D000342/ 00086/0034，1949 年 5 月 13 日「億中實業股份有限公司青島分公司歇業啓事」。

D000383/00022/0016 「髮網不堪回首 生活狀況潦倒」，《民報》1948 年 10 月 6 日。D000417/00070/0013，膠縣鄉區劫案髮網損失一億；《大光報》，1948 年 3 月 20 日。


**天津市檔案館：**

401206800-W0101-1-000011. 與香港宇宙公司捷成洋行業務往來文書

**中研院近史所檔案：**

03-36-020-01-026，1918 年 6 月 14 日，北洋政府外交部。

03-18-017-06-002，1918 年 7 月，北洋政府外交部。

50-063-015，1956 年 5 月。

50-105-009，1957 年 3 月。

50-113-014，1957 年 5 月。

50-127-014，1957 年 8 月。

50-198-010，1959 年 1 月。

50-271-024，1960 年 7 月。

50-295-055，1960 年 12 月。

50-337-025，1961 年 11 月。

50-397-052，1963 年 2 月。

50-542-026，1966 年 2 月。

50-575-025，1960 年 10 月。

50-572-026，1966 年 9 月。

50-581-027，1966 年 11 月。

17-22-066-03，1935 年 1 月，經濟部門，實業部。

The National Archives of Czech Republic （in Prague），EÚ508 ／ 170.

## 【政府報告】

*Daily Consular and Trade Reports* （Washington D.C.：Dept. of Commerce and Labor, Bureau of Manufactures）

"Human-hair industry in Austria," 1910/Jan-Feb., pp.6-7.

"Human hair trade：German imports and exports -- source of supply," 1910/ March-June, p.312.

"Trade in human hair – largely used in Spain because of fashion," 1910/July-Sept, p.32.

"Shipments of Human Hair from Kobe," 1910/July-Sept, p.924

"Human-Hair Fabric," 1910/Oct-Dec. p.159.

"Oversupply of Chinese Human Hair," 1910/Oct-Dec, p. 255.

"Human Hair Trade Increasing Exports from Hong Kong to United States," 1910/July-Sept, p. 471.

"Human Hair Trade：China," 1910/Oct-Dec, p. 722.

"Netherlands," 1910/Oct-Dec, pp.722-723.

"Human hair not from queues," 1911/Jan-March, pp.920-921.

"Austria," 1911/April-June, pp. 812-813.

"Use of Human Hair Change," 1911/July-Sept., p.1454.

"Manufacture of human-hair lace," 1911/Oct-Dec, p.699.

"Manufacture of Hair Nets," 1911/Oct.-Dec., p.805-806.

"Chinese human-hair supplies failing," 1912/Jan-March, p.861.

"German hair-net industry," 1912/April-June, pp.1072-1073.

"Human-Hair Industry in Italy," 1912/July-Sept, p. 1435.

"French hair nets," 1912/Oct-Dec, p.124.

"Commercial Conditions of Shantung Province," 1913 July-Sept, p. 1130

"Press cloth from human hair," 1913/April-June, pp. 672-673.

"Pressing Cloths in Germany," 1913/April-June, 674-5.

"Trade of Chinese Interior," 1913/July-Sept., p.1221.

"Human Hair from Hong Kong," 1914/Jan-March, p. 1179.

"Exports of human hair," 1914/Jan-March, p.1787.

"Increasing American market for hair nets," 1914 /April-June, pp. 855-856.

Foreign Service of the Dept. of State, *China Monthly Trade Report,* 1924, Feb 15.

Foreign Commerce Service of the US Department of Commerce, *China Monthly Trade Report*, 1924, Feb 15. p. 11. "Hair Net Industry in Shantung.

*Commerce Reports*（Washington D.C.：The Bureau of Foreign and Domestic Commerce, Dept. of Commerce）

"Human-Hair Trade of Hong Kong," 1916 I, p. 1096-7.

"Human Hair Trade in Hong Kong," 1916 IV, p. 116.

"Chinese Trade in Human Hair and Hair Nets," 1917 II, pp. 134-135.

"Chinese Trade in Human Hair and Hair Nets," 1919 I, p. 24.

"The Hair-Net Situation in Chefoo," 1919 III, p.225.

"The prices of hairnets in China," 1919 IV, p. 1052.

"The Hair-Net Situation in Chefoo," 1920 I, pp. 245-7.

"Chinese Trade and Economic Notes," 1921 I, p. 1674

"The Hair-net Situation in China and the United States," 1922 II, p. 201.

"Chinese Hair-Net Industry Well Established," 1922 III, p. 91

"Hair-Net Industry of Chefoo, China," 1923 II, p. 629.

"Decline in Hair-Net Shipments due to Limited American Demand," 1923 III, 127.

"Withdrawal of Export Duty on Hair Nets," 1923 III, 497.

"Trade of Chefoo in 1922," 1923 II, p. 65.

"Human-Hair Trade of Hong Kong," 1923 IV, p. 157.

"Cooperative Societies in China," 1924 I, p. 670.

"Hankow：a Center for Human Hair Trade," 1924 II, p. 586.

"Human Hair Exported from Hong Kong," 1924 II, p. 792.

"Large Decrease in American Purchase of Human Hair Nets," 1924 III, 608.

"Hair-net Exports from China Decrease," 1925 I, 199.

"Exports from Chefoo to the USA," 1927 II, p. 822.

"Increased Orders for Chinese Hair Nets," 1928 III, p. 211.

"Discouraging Features in Shantung Province," 1929 III, pp. 835-6.

Irish University Press Area Studies Series, *British Parliamentary Papers:China*
（BPP）（Shannon：Irish University Press, 1971）．
China 16, Canton, 1887, p. 210.
China 17, 1892, Fusan and Wönsan, p.620.

《中國舊海關史料》（簡稱《關冊》）（China. Imperial Maritime Customs Returns of the Import and Export Trade）（北京市：京華出版社，2001）：1915, Vol. 68, p. 469, 477; 1919, Vol. 84, p. 451; 1923, Vol.94, p.50; 1927, Vol.102, p.63; 1929, Vol.106, p.15, 1930, Vol. 108, p. 17; 1931, Vol.110, p. 292; 1932, Vol. 112, p. 20; 1934, Vol.116, p. 219; 1936, Vol.120, p. 403; 1937, Vol.124, p. 469; 1938, Vol.128, p. 673; 1939, Vol.132, p. 651; 1940, Vol.136, p. 550; 1941, Vol. 140, p. 220; 1942, Vol.143, p. 183; 1943, Vol.145, p. 600. 《中國舊海關史料 十年報》（簡稱《關冊・十年報》）1902-11, Vol. 155, p. 235; 1912-1921, Vol. 156, p. 207-8; 1922-1931, Vol. 156, p.207.

《商務官報》，第三冊（光緒 34 年），頁 440「俄人講求新式假髮」駐俄商務隨員恒晉報告；頁 498-500「中德商務情形」。

《官務商報》，第四冊（宣統元年），頁 7。「紐約商務情形（去年夏季）紐約領事何永紹呈報」。

山東省政府實業廳編印，《山東工商報告（二）》，民國二十年十月，頁 153 ～ 154。

《（民國）齊河縣志》（民國 22 年鉛印本），卷 17，「實業志・動物製造產」，頁 398。

天津社會科學院歷史研究所編，《天津歷史資料》，20 期（1983），頁 1。

膠濟鐵路管理局事務處，《膠濟鐵路經濟調查報告總編》（青島：文華印刷社，民國 22 年調查，民國 23 年出版），頁 33 ～ 34。

青島檔案館編，《青島開埠十七年 膠澳發展備忘錄全譯》，北京：中國檔案出版社，2007，頁 475 ～ 476。

天津社會科學院歷史研究所，《天津歷史資料》，20 期（1983），頁 1 ～ 2。

山東省政府實業廳，《山東省工商報告》（1931 年），頁 33；

青州市志編纂委員會編，《青州市志》（天津南開大學出版社，1989 年），頁 282。

山東省乳山市地方史志編纂委員會，《乳山市志》（濟南：齊魯書社，1998），頁 465。

實業部國際貿易局，《國際貿易情報》，1936：8，頁 25、75。

稻田鎮志編纂委員會，《壽光縣稻田鎮志》（1985 年），頁 248。

膠濟鐵路管理局事務處，《膠濟鐵路經濟調查報告總編》（青島：文華印刷社，民國 22 年調查，民國 23 年出版），頁 33 ～ 34。

實業部國際貿易局，《國際貿易情報》，1936：24，頁 75。

膠濟鐵路管理局事務處，《膠濟鐵路經濟調查報告總編》（青島：文華印刷社，民國 22 年調查，民國 23 年出版），頁 33。

《（民國）濟寧縣志》（民國 16 年鉛印本），卷二，頁 23；卷四，「故實略慈善」，頁 48。

于宗先 等《山東人在台灣工商篇》（台北：財團法人吉星福張振芳伉儷文教基金會，2000）頁 210。

【報紙雜誌】

*Journal of the Society of Arts*

"Human Hair Industry in France," Vol. 47 （1898），262-263.

"The Human Hair Industry in Austria," Vol. 58 （1909），1031-32

"Chinese Trade in Human Hair and Hair Nets," Vol. 66 （1918），631-632.

"Hair Nets," Vol. 71 （1923），668-669.

"Hair-net Industry of Czecho-Slovakia," 69：3570 （1921, April），364-5.

"Chinese Trade in Human Hair and Hair Nets," Vol. 66 （1918），631-632.

"Chinese Hairnet Industry," Vol. 70：3644 （1922），p. 767.

"Hairnet industry of Germany," *Vol.61* （1912），p. 21.

"Chinese Trade in Human Hair and Hair Nets," Vol. 66 （1918），631-632.

*The China Weekly Review*, 1928, Feb 18, "Business Conditions at Chefoo."

*Business Digest*, 7 （1920），328.

"The origin of Hair Nets," *The Manchester Guardian*, 1922 Oct. 7.

"Hair nets and Hospitals," *The Manchester Guardian*, 1923 May 3.

"Filet-Arbeitenheft von Marie Niedner," in *Filet-Arbeiten 1929*（Leipzig：

Verlag Otto Beyer, 1929）.

《台灣日日新報》，昭和 3 年 6 月 21 日第四版，「山東髮網業」

日本外務省通商局編的《海外商報》，1925 年 1 月 25 日，頁 146。

《申報》

「中國髮網工業近況」，（1923.3.5 日第三張）；「中國北部之髮網業概況」，（1924 年 2 月 10 日，第二、三張）

《中央日報》

1956-05-19，1956-07-29，1965-06-21 日，瓊華「織髮網」，1969 年 4 月 21 日，「煙台的髮網」。

《聯合報》

1956-05-19，04 版；1956-06-02，05 版；1956-07-29，04 版；1956-08-02，04 版；1956 年 11 月 21 日，05 版；1956-12-25，03 版；1957-02-16，03 版；1960-09-19，02 版；1960-12-19，05 版；1961-06-19，03 版；1961-08-17，05 版；1965-03-08，02 版；1971-12-02，06 版。

《經濟日報》

1967-04-20，02 版 / 經建；1967-05-27，02 版 / 經建；1969-01-20，03 版 / 週刊；1968-01-26，03 版 / 貿易・國際；1974-10-11，12 版 / 經濟副刊； 1971-01-17，09 版 / 工商實務。

南通《申報》1923 年 10 月 27 日

《山東案內》，昭和 11（1936 年）年版，頁 15 ～ 18。

「煙台上半年貿易之不振」，《中外經濟周刊》，第 42 號，頁 12，1923 年 12 月 22 日

山東省總工會工運史研究室編，「1936 年煙台市曋花、髮網女工罷工鬥爭始末」，《山東工運史資料》，vol. 13，頁 18 ～ 20。

丁鋼，「濟南髮網業的興衰」《濟南市志通訊》，1982：4，頁 23 ～ 24。

文昊編，《我所知道的買辦富豪》（北京：中國文史哲出版，2006 年），頁 167 ～ 171。

宋玉娥，「英商仁德洋行」，《山東工商經濟史料》（山東人民出版社，

1989 年），第二輯，頁 108 ～ 117。

宋玉娥、徐希強，「近代煙台與美國的經濟關係」《山東文獻》26：2（2000 年 9 月），頁 5 ～ 12。

顏發宋，「髮網手工業的復興」《徵信新聞報》，民 45 年 9 月 13 日，版 2。

曲拯民，「花邊髮網台布在蕐台的緣起與發展上」，《山東文獻》11：4（1986 年 3 月），頁 8 ～ 14。

曲拯民，「花邊髮網台布在煙台的緣起與發展下」《山東文獻》12：1（1986 年 6 月），頁 129 ～ 139。

曲拯民，「童年在煙台」《山東文獻》19：1（1993 年 6 月），頁 100 ～ 114。

徐暢，《魯商擷英》（濟南：山東人民出版社，2010 年），頁 341、353。

徐慕韓，「山東省的農村經濟概況」，《國際貿易報導》，6：8（1936 年 8 月），頁 71 ～ 81。

程扶中，「髮網外銷面面觀」，《國際貿易月刊》（臺北：國際貿易月刊社，民國 46 年 11 月 20 日）2 卷 11 期，頁 13 ～ 15。

萬航，「中國之髮網業」，《上海總商會月報》4 卷 5 期（1924 年），頁 18 ～ 20。

偉賢，「山東髮網業」，《商業月報》16 卷 1 期（1936 年），頁 10 ～ 12。

劉培耘，「髮網行業的發展」，收入山東省政協文史資料委員會、淄博市周村區政協文史資料委員會編，《周村商埠》（濟南：山東人民出版社，1990），頁 246 ～ 9。

劉廷曦，「諸誠髮網手工業的興衰」，《諸城文史資料》，第 11 輯（1990 年），頁 160 ～ 164。

無名氏，「煙台手工業沒落」，《勞動季報》，第 6 期（1935 年），頁 160 ～ 164。


【西文論文】

G. C. Allen, "Western Enterprise in the Far East," *International Affairs*, 30：3

（1954）, 294-303.

H. P. James，"Industrial China," *Economic Geography,* 5：1 （Jan, 1929）, pp. 1-21

Areadius Kahan，"The Modern Period," 83-101, in Nachum Gross ed., *Economic History of the Jews* （Keter publish house, 1975）

Klaus Mühlhahn，"Power and Resistance in Qingdao：Interactions between Germany and China, 1897-1914," 收入張啓雄編，《二十世紀的中國與世界論文選集》，中研院近史所，2001，頁 408 ～ 454

Walter Oppenheim, *Habsburg and Hohenzollerns 1713-1786* （London：Hodder & Stoughton, 1993）, pp. 98-99.

Regine Oswald，"Postsekretär Hermann Hinzpeters Aufenthalt in China von 1909 bis 1920," *StuDeO – INFO*, September 2010, pp. 7-9.

Karel V. Rais，"Z vlasařských pamětí" （1885）, in：Horské kořeny, （Hradec Králové：Kruh, 1976）, pp 18-28.

M. Tanaka，"The Putting-out System of Production in the Ming and Qing Periods ：with a Focus on Clothing Production （I）", *Memoirs of the Research Department of the Toyo Bunko*, 52 （1994）, 21-43.

Jaromír Tausch，"O síťkování（"necování"）trochu jinak," Vlastivědný sborník Vysočiny XII （2000）, pp. 223-236.

Kamila Němcová, Historie síťařství na území zemí Koruny české, Bakalářská práce, Brno 2013, p.71.

【西文書目】

Peter Adam, *The Fate of Ludmil's Family:the Lost Neighbours from Chotěboř Project*.（Chotěboř：Secondary School of Economic and Higher Professional School, 2006）, pp.10, 15, 22.

A. G. Ahmed, *Pictorial Chefoo:1935-1936*, （compiled, edited and published by A.G. Ahmed）, pp. 43-46, 50-51, 58-59, 63-64, 71, 91.

G. C. Allen and Audrey G. Donnithorne, *Western Enterprise in Far Eastern Economic Development, China and Japan* （New York：Macmillan, 1954）, 88-89.

Julean Arnold, *China:a Commercial and Industrial Handbook* （DC：Government Printing Office, 1926）, pp. 255, 603.

Julean Arnold, *Some Bigger Issues in China's Problems.* （上海：商務書局，1928）, p.4

William J. Ashworth, *The Industrial Revolution:the State, Knowledge and Global Trade* （London：Bloomsbury, 2017）.

Jan Bažant, Nina Bažantová & Frances Starn, eds., *The Czech Reader:History, Culture, Politics* （Duke University Press, 2010）, 375.

Michel Beaud, Tom Dickman trans., *A History of Capitalism:1500-1980* （London：MacMillan, 1983）, pp. 90-91.

Robert Coventry Forsyth, *Shantung:The Sacred Province of China*, Shanghai：Chinese Literature 1912, pp. 92, 100, 113, 277, 278, 280.

Christopher Culpin & Ruth Heing, *Modern Europe, 1870-1945*, Longman, 2002.

John William Ferry, *A History of the Department Store* （New York：Macmillan Co., 1960）, 69-72.

Hasia R. Diner, *Roads Taken:the Great Jewish Migrations to the New World and the Peddlers Who Forged the Way* （Yale University Press, 2015.）, pp51-83

Bohumil Hospodka, *Jak to dřív bejvávalo. OÚ Trhová Kamenice*, Trhová Kamenice-Praha 2002, pp. 61-62, 124.

Bohumil Hospodka, *Historie školy v Trhové Kamenici.* Vlastním nákladem 2004

Bohumil Hospodka, *Z historie města Trhová Kamenice.* （Trhová Kamenice, Praha：MNV 1988. 2nd edition.）, p.74.

Hillel J. Kieval, *The Making of Czech Jewry:National Conflict and Jewish Society in Bohemia, 1870-1918*, （Oxford University Press, 1988）, pp. 5-6.

Katherine M. Lester & Bess Viola Oerke, *Accessories of Dress：an Illustrated*

*Encyclopedia*（New York：Dover Pub. INC., 1940）, pp. 122-131.

Miroslava Ludvikova & Jaroslav Orel, *Podomácké síťování na Žďársku.*（*Žďár n. Sázavou:Muzeum a galerie Žďárska, 1970*）, p.12, 14-15.

Stuart T. Miller, *Mastering Modern European History*（Palgrave, 1997）, pp. 50-52

Edward Parker, *China:Her History, Diplomacy and Commerce*（New York：Garland, 1980 reprint）p. 170.

Livia Rothkirchen, *The Jews of Bohemia and Moravia:Facing the Holocaust*（Jerusalem：Yad Vashem, 2005）,pp. 17, 19, 21, 23, 30.

Victoria Sherrow, *Encyclopedia of Hair:a Cultural History*（Westport：Greenwood, 2006）, pp. 317-8.

J.A. Slater, *Dictionary of World's Commercial Products*（London：Pitman, without publishing year. second edition）, p. 80.

Státní Uřrad Statistický, *Statistická Příručka Republiky Československéř*（Prague：Bursík & Kohout, 1928）, pp. 122, 304.


【中、日文論文及書目】

「芝罘に於ける髮網製造業」,《滿蒙研究彙報》, 25 卷（1918 年 2 月）, 頁 1 ～ 7

《山東經濟事情　濟南を主として》（無出版資料, 大正 8 年）, 頁 322 ～ 324。

王德剛,「近代山東髮網業的興衰」,《山東史志叢刊》, 1989：3, 頁 55 ～ 59。

王新生、孫啓泰編,《中國軍閥史詞典》（北京：國防大學出版社, 1980 年）

王林主編,《山東近代災荒史》（濟南：齊魯書社, 2004 年）, 頁 3 ～ 5、11 ～ 12、15 ～ 16、182。

王作榮,《我們如何創造了經濟奇蹟》（臺北：時報文化, 1989 年）;

于宗先等編,《山東人在臺灣》（臺北市:吉星福張振芳伉儷文教基金會出版,

1997 年），頁 210 ～ 211。

何炳賢，《中國的國際貿易》（上海：商務，民 26 年），頁 247、297。

李平生，〈論近代山東蠶絲業改良〉，《中國社會經濟史研究》，1992：2，頁 68 ～ 77。

李今芸，〈一戰前德國商人在中國的「推進」：1870-1918〉，《九州學林》，第 34 期，頁 149 ～ 175。

楊興隆，〈民國初期各階層的收入水平與生活狀況〉，《經濟社會史評論》，2015：3

頁 106 ～ 115

林鐘雄，《台灣經濟發展 40 年》（臺北：自立晚報，1987 年）

侯厚培，《中國近代經濟發展史》（上海：大東書局，1929 年）

徐慕韓，〈山東省的農村經濟概況〉，《國際貿易導報》，8：8（1936 年，8 月），頁 71、81。

郝延平，〈晚清沿海的新貨幣及其影響〉，于宗先等編《中國經濟發展史論文選集下》，（臺北：聯經出版社，1980 年），頁 1579 ～ 1600。

彭澤益 編，《中國近代手工業史資料：1840 ～ 1949 年》（北京：生活.讀書.新知三聯出版社，1957 年），頁 41。

黃澤蒼，《山東》（上海：中華書局，1935 年），頁 46

天津社會科學院歷史研究所，《天津歷史資料》，1983：20，頁 5。

周志驊，《中國重要商品》（上海：華通書局，1931 年），頁 402。

曾賽豐、曹有鵬 編《湖南民國經濟史料選刊（二）》（長沙：湖南人民出版社，2009 年）頁 341

岸元吉，《青島及山東見物》（青島：山東經濟時報，1922 年），頁 24。

航業聯合協會芝罘支部，《芝罘事情》（青島：航業聯合協會，1939 年），頁 154 ～ 6。

吉野美弥雄，《利用す可き天津を中心とせる北支那の物產》（大阪：三島開文堂，1924 年），頁 332 ～ 339。

【與包捷教授口訪】

1.Bohumil Hospodka, at Trhová Kamenice, 2009.07.17.

2.Stará, in Sobíňov, 2009.07.17.

3.Eduard Kříž, at Chrast, 2009.07.17.

4.Mrs. Plachá, in Vojnův Městec in Škrdlovice, 2009.08.05.

5.Mr. Chlubna, in Vojnův Městec in Škrdlovice, 2009.08.05.


【網站】

https://www.geocaching.com/geocache/GC4Z8MW_vavrin-krcil-a-sitovka
（2020/08.06）

http://www.auratianus.wz.cz/spisy/osudrll_cz.pdf（2020.08.06）

https://www.myjewishlearning.com/article/hair-coverings-for-married-
women/?utm_source=mjl_maropost&utm_campaign=MJL&utm_medium=email&
mpweb=1161-13503-119761（2020.08.06）

文化部國家文化資料庫。http：//taiwansalt.moc.gov.tw/seach/1-1-0-S.html
（2019.11.11）

| 頁數 | 網址或關鍵字 | 內容 | 來源 | 說明 | 下載時間 |
|---|---|---|---|---|---|
| 29 | Memorial of Children of Lidice | 受難兒童 | 維基共享資源 https://commons.wikimedia.org | 創用 CC | |
| 31 | 2011660135 | 茶壺女郎 | 美國會圖書館 https://www.loc.gov/pictures | 公眾領域 | 2019.09.09 |
| 31 | Old Chinese woman with elaborate hair style. | | 維基共享資源，轉引 Wellcome Collection 收藏，John Thomson 攝影，1869 | 創用 CC | 2020.06.05 |
| 41 | Jewish_street_in_ Dřevíkov,_Chrudim_ District | 猶太村 | 維基共享資源 | 創用 CC | 2019.07.09 |
| 47 | 2014681997 | 猶太小販 | 美國會圖書館 | 公眾領域 | 2019.09.09 |
| 54 | https://cs.wikipedia.org/wiki/Soubor:Karel_ Vaclav_Rais_1896.png | 萊思照片 | 維基百科轉引 Svetozor 雜誌第 30 期 (1896) | 公眾領域 | 2019.07.03 |
| 69 | 2006681334 | 剃頭擔子 | 美國會圖書館 | 創作者不詳 | 2019.09.09 |
| 75 | The Old Witch combing Gerda's hair with a golden comb to cause her to forget her friend.jpg | | 維基共享資源 | 公眾領域 | 2020.06.05 |
| 77 | Katharina-v-Bora-1526.jpg | | 維基共享資源，原圖目前收藏於德國艾森納赫（Eisenach）的 Warburg-Stiftung 博物館 | 公眾領域 | 2019.09.09 |
| 83 | Kraj Vysocina in Czech Republic.svg | 地圖 | 維基共享資源 | 創用 CC | 2020.06.05 |
| 104 | http://auratianus.wz.cz/spisy/osudrll_cz.pdf | Bondy 照片 | | | 2019.07.10 |

| 107 | 2014716767 | 馬薩里克 | 美國會圖書館 | 公眾領域 | 2019.12.02 |
|---|---|---|---|---|---|
| 116 | https://www.geocaching.com/geocache/GC4Z8MW_vavrin-krcil-a-sitovka?guid=d12333d6-df92-4e8d-98a9-9ab2f7656984 | 克基爾的窗簾 | | | 2019.12.02 |
| 123 | https://babel.hathitrust.org/cgi/pt?id=mdp.39015013151884&view=1up&seq=1334 | 根茲博羅髮網 | 原圖刊於 The Ladies' Home Journal 雜誌（1922年8月）Hathi Trust，由 University of Michigan 數化位 | | 2019.12.01 |
| 128 | 2019633867 | 煙台碼頭 | 美國會圖書館 | 公眾領域 | 2019.12.03 |
| 140 | 2019633885 | 戎克船 | 美國會圖書館 | 公眾領域 | 2020.06.04 |
| 143 | 2015645456 | 聾啞學校 | 美國會圖書館 | 公眾領域 | 2019.12.03 |
| 164 | http://www.fdrlibrary.marist.edu/archives/collections/franklin/?p=digitallibrary/digitalcontent&id=3810 | 德州海軍空軍基地 | 富蘭克林·德拉諾·羅斯福總統圖書館暨博物館 | 公眾領域 | 2019.12.01 |
| 165 | 2017878248 | 鉚釘 | 美國會圖書館 | 公眾領域 | 2019.12.01 |
| 165 | 2017878247 | 道格拉斯公司 | 美國會圖書館 | 公眾領域 | 2019.12.01 |
| 166 | 2017878920 | 鑽孔 | 美國會圖書館 | 公眾領域 | 2019.12.01 |
| 169 | 91787459 | 煙台女子學校 | 美國會圖書館 | 公眾領域 | 2019.12.03 |
| 171 | http://library.um.edu.mo/ebooks/b31040147.pdf | 馬茂蘭夫妻 | 載自澳門大學圖書館 | | 2020.02.14 |
| 171 | 2019633883 | 培眞女校 | 美國會圖書館 | 公眾領域 | 2019.12.03 |
| 176 | 2016809922 | 金寶百貨公司 | 美國會圖書館 | 公眾領域 | 2019.12.02 |
| 194 | 2006675662 | 山東施粥廠 | 美國會圖書館 | 公眾領域 | 2019.12.01 |

| 207 | 2014703578 | 德兵禦日軍 | 美國會圖書館 | 公眾領域 | 2019.12.01 |
|---|---|---|---|---|---|
| 211 | A handcrafting old woman in Tamsui | 淡水老婦 | 維基共享資源 | 創用 CC | 2020.08.16 |
| 228 | Taranto, gioielli_del_230-210_ac_ca._03_rete_per_capelli.JPG | 雅典金珠網 | 維基共享資源 | 創用 CC | 2019.12.02 |
| 230 | http://nrch.culture.tw/view.aspx?keyword=%E5%BC%B5&advanced=$3@+1958&s=188683&id=0006729820&proj=MOC_IMD_001<br>http://nrch.culture.tw/view.aspx?keyword=%E9%AB%AE%E7%B6%B2&s=188673&id=0006729810&proj=MOC_IMD_001# | | 文化部國家文化資料庫轉錄自鹽光文教基金會 | | 2019.11.11 |
| 231 | http://nrch.culture.tw/view.aspx?keyword=%E5%BC%B5&advanced=$3@+1958&s=188141&id=0006729278&proj=MOC_IMD_001#0<br>http://nrch.culture.tw/view.aspx?keyword=%E9%AB%AE%E7%B6%B2&s=184512&id=0006725649&proj=MOC_IMD_001# | | 文化部國家文化資料庫轉錄自鹽光文教基金會 | | 2019.11.11 |
| 242 | Mary_Thurman_by_Ralph_Barton.jpg | 妹妹頭 | 維基共享資源 | 公眾領域 | 2019.11.22 |
| 封面 | 2017896046 | 夏普曼小姐 | 美國會圖書館 | 公眾領域 | 2020.08.11 |
| 扉頁 | Adolf_Friedrich_Erdmann_von_Menzel_cropped.JPG | 鋼琴前女孩 | 維基共享資源 | 公眾領域 | 2020.3.31 |
| 封底 | Gold hairnet 3rd cent. B. C. | 月神髮網 | 維基共享資源 | 創用 CC | 2020.03.03 |

髮辮走天涯 / 李今芸作 . -- 初版 . – 臺北市 : 時報文化 , 2020.09
　　264 面；17*23 公分
　　ISBN 978-957-13-8229-6（平裝）
　　1. 國際貿易史 2. 假髮
558.09　　　　　　　　　　　　　　　　　　　109007201

ISBN 978-957-13-8229-6
Printed in Taiwan

愛生活 35

# 髮辮走天涯

作　　者—李今芸
主　　編—林憶純
視覺設計—徐思文
行銷企劃—謝儀方

第五編輯部總監—梁芳春
董 事 長—趙政岷
出 版 者—時報文化出版企業股份有限公司
　　　　　108019 台北市和平西路三段 240 號
　　　　　發行專線—（02）2306-6842
　　　　　讀者服務專線— 0800-231-705、（02）2304-7103
　　　　　讀者服務傳真—（02）2304-6858
　　　　　郵撥— 19344724 時報文化出版公司
　　　　　信箱— 10899 臺北華江橋郵局第 99 信箱
時報悅讀網— www.readingtimes.com.tw
電子郵箱— yoho@readingtimes.com.tw
法律顧問—理律法律事務所 陳長文律師、李念祖律師
印刷—勁達印刷有限公司
初版一刷— 2020 年 9 月 18 日
定價—新台幣 450
（缺頁或破損的書，請寄回更換）

時報文化出版公司成立於 1975 年，並於 1999 年股票上櫃公開發行，
於 2008 年脫離中時集團非屬旺中，以「尊重智慧與創意的文化事業」為信念。

致安琪

畫名 Emilie Menzel am Klavier stehend，由德國
畫家 Adolph Menzel （1815～1905 年） 繪製
於 1866 年，目前收藏於 Museum Georg Schäfer,
Schweinfurt, Bayern, Deutschland.